供应链绩效管理实战

从流程管理到指标检验

王国文◎著

人民邮电出版社

北京

图书在版编目（CIP）数据

供应链绩效管理实战：从流程管理到指标检验 / 王
国文著. -- 北京：人民邮电出版社，2021.10
ISBN 978-7-115-56882-3

Ⅰ. ①供… Ⅱ. ①王… Ⅲ. ①企业管理—供应链管理
—研究 Ⅳ. ①F274

中国版本图书馆CIP数据核字(2021)第134040号

内 容 提 要

随着供应链时代的来临，供应链管理在各类企业中普遍应用，成为一种新的管理模式。对供应链绩效进行考核，成为企业增加客户、企业和股东价值的依据和方法论，决定企业战略决策。因此，供应链绩效考核对供应链运作和管理至关重要。

长期以来，国内外对供应链绩效考核的相关理论层出不穷。究竟如何理解、应用这些理论？供应链绩效考核又该如何落实实施？已经成功实践了供应链绩效考核的企业有哪些经验值得我们学习？这些问题仍然是摆在企业面前的难题。

针对以上问题，本书围绕供应链绩效考核的解读与实践层层展开。全书共9章。第1、第2章主要从理论层面对供应链绩效的概念、方法论以及模型进行解读；第3至8章从实战层面对建立供应链绩效考核系统的6个步骤进行介绍，即战略规划、选择模型、选择指标、开始考核、标杆对照、绩效提升，帮助企业系统掌握供应链绩效考核的实战流程；第9章介绍EMBARQ物流公司的绩效提升之路，全面展示一个企业在供应链管理能力的提升下是如何实现绩效提升，进而提升竞争力的。

无论是非供应链管理专业的企业高层、中层管理人员，还是专业的供应链管理人员，都可以通过阅读本书对供应链绩效考核建立全面的了解。

◆ 著　　　　　王国文
　　责任编辑　　马　霞
　　责任印制　　彭志环

◆ 人民邮电出版社出版发行　　北京市丰台区成寿寺路 11 号
　　邮编　100164　　电子邮件　315@ptpress.com.cn
　　网址　https://www.ptpress.com.cn
　　涿州市般润文化传播有限公司印刷

◆ 开本：700×1000　1/16
　　印张：15.25　　　　　　　　2021 年 10 月第 1 版
　　字数：201 千字　　　　　　 2025 年 8 月河北第 7 次印刷

定价：89.80 元

读者服务热线：**(010)81055296**　印装质量热线：**(010)81055316**
反盗版热线：**(010)81055315**

在新发展阶段，在贯彻新发展理念、构建新发展格局、推动高质量发展的进程中，供应链管理从未像今天这样显得如此重要。

2020 年 12 月 16 日至 18 日，中央经济工作会议在北京举行。面对百年未有之大变局，习近平总书记根据国内外错综复杂的严峻形势，要求加快构建以国内大循环为主体、国内国际双循环相互促进的新发展格局，要紧紧扭住供给侧结构性改革这条主线，注重需求侧管理，打通堵点，补齐短板，锻造长板，贯通生产、分配、流通、消费各环节，形成需求牵引供给、供给创造需求的更高水平动态平衡，促进国民经济良性循环，提升国民经济体系整体效能。

2021 年 3 月在第十三届全国人民代表大会第四次会议上通过的《中华人民共和国国民经济和社会发展第十四个五年规划和 2035 年远景目标纲要》，提出必须坚持经济性和安全性相结合，分行业做好供应链战略设计和精准施策，形成具有更强创新力、更高附加值、更安全可靠的产业链供应链，提升产业链供应链自主可控能力与现代化水平。

供应链建设虽提到了前所未有的战略高度，但供应链本身并不是目的，只有实施好供应链管理，才能实现提质、降本、增效的目的，所以，严格讲，供应链管理是企业竞争力、产业竞争力、城市竞争力、区域竞争力、国家竞争力的核心要素和重要手段，而测量核心竞争力的方法，就是供应链绩效管理。基于供应链流程基本架构，王国文博士所著《供应链绩效管理实战》一书给出了供应链绩效管理从战略到具体操作环节的系统方法论。

从基本原理来说，供应链管理是联系企业内部和企业之间主要功能和基本商业过程，将其转化为有机的、高效的商业模式的管理集成，它包括了设计、采购、制造、交付等过程的全部计划和管理活动。更重要的是，它也包括了与渠道伙伴之间的协调和协作，涉及供应商、中间商、第三方服务供应商和客户。从本质上说，供应链管理是企业内部和企业之间的供给和需求管理的集成。它驱动企业内部和企业之间的营销、销售、产品设计、财务管理和信息技术应用等过程和活动的协调一致。因此，从战略到实际操作环节的供应链绩效管理，也覆盖了上述所有的供应链范畴，并通过"流程驱动的绩效"实现从流程到战略的循环。

供应链的发展已从企业的微观层面向产业中观层面与国家宏观层面扩展。我将供应链管理分为 3 个维度去理解：第一，供应链管理是战略思维；第二，供应链管理是模式创新；第三，供应链管理是技术进步。从战略思维的角度，供应链涉及国家战略、产业战略、城市与区域战略、企业战略，这在贸易摩擦以及新冠疫情大爆发之后的全球产业链供应链重构表现得最为明显。从模式创新的角度，供应链的多元化打破了企业边界，对传统企业管理模式、产业组织模式、区域竞争力模式产生了颠覆性的重构，改变了竞争方式，极大提高了生产效率。从技术进步的角度，从物流到供应链管理的创新，无时无刻都在体现着技术对产业的变革性影响，从 RFID（radio frequency identification，射频识别）到物联网，从云计算到大数据，从人工智能到区块链，供应链管理成为技术进步最广阔的应用空间。

供应链管理是第三方服务业，是为所有产业服务的。时代在变，产业在变，一方面需要供应链管理，另一方面需要变化的供应链。从金融危机到新冠疫情大爆发，从供给侧结构性改革到构建双循环发展格局，从电商革命到颠覆性技术的快速应用，供应链管理在经济社会发展中发挥着越来越重要的作用，扮演着越来越重要的角色。供应链自身必须加速现代化，才能适应变化。

我自 1964 年参加工作以来，一半时间从事制造业，一半时间从事流通业，2000 年开始全力研究与推动物流与供应链的发展，这期间，得到了王国文博士的大力支持。他在过去的 20 多年里，致力于将国外先进的供应链理念和知识引入中国，做了大量结合中国实际的卓有成效的工作。我希望《供应链绩效管理实战》这本书的出版，能对推动中国供应链韧性建设起到积极作用。希望这本书能成为拿起来就能用的书，为供应链领域的管理者和专业人士测量和改进供应链绩效提供一个有效的工具，也希望这本书能成为从事供应链事业的学子们的好教材。

丁俊发

2021 年 8 月于北京

2020 年，新冠肺炎疫情对全球供应链造成前所未有的冲击。为了防止疫情扩散，首先是全球范围内以国家为单位进行封锁，其次是各国根据疫情情况进行区域封锁。在长达一年半的时间里，疫情防控致使全球供应链进行了此起彼伏的剧烈调整，不少企业供应链经历了惊心动魄的延迟、停滞、分流、断链、重组和漫长的恢复过程，许多依赖全球化的行业，如汽车行业，受到的影响最为显著。因此，从 2020 年开始，供应链，尤其是全球供应链，受到世界各国更加广泛的关注，各国纷纷采取各种措施维持供应链稳定，以保障企业供应链正常运行。

疫情带给人们许多新的供应链问题。比如，突发公共卫生事件是否会改变全球供应链发展趋势？全球供应链是否会发生大规模重构？企业如何在动荡的环境下追求供应链绩效？等等。全球抗击新冠肺炎疫情的实践表明，突发公共卫生事件会短暂地影响全球供应链，但不可能改变全球供应链发展趋势；会在一定时间范围内迫使企业重构全球供应链，但不可能造成全球供应链彻底重构；供应链环境动荡会影响企业短期收益，但只要有竞争，就一定有国际化，就一定有全球供应链的分工与合作。实际上，供应链的理念早在 1997 年就开始在中国大规模传播，2017 年商务部等部门已经开始大规模推动供应链创新应用。新冠肺炎疫情爆发以来，随着全球供应链环境受到越来越多的挑战，统筹发展与安全被提到议事日程，供应链问题已经成为政府和企业最为关注的热点问题之一。因此，无论是处在常态经营环境，还是动态经营环境，抑或是异常经营环境，供应链绩效提升都是企业的永恒追求，迫切需要系统的理论指导和最佳实践引领。

王国文博士所著的《供应链绩效管理实战》一书，正是从企业供应链绩效角度提供最新理论和最佳实践。王国文博士长期致力于将国际供应链管理领域最新的研究成果引入中国，并结合中国实际进行应用，使得我国供应链理论和实践发展紧跟世界一流国家的步伐。这本书回顾了供应链绩效考核的发展历程，阐述了从战略到流程、从整体指标到操作指标、从全部流程到分流程指标的企业供应链绩效考核流程。为了指导企业供应链绩效考核，本书还以具体物流公司为例，详实分析了企业绩效考核战略制定、指标设定、步骤实施、绩效测量、绩效提升的完整过程，这使得本书具有较强的理论和实践参考价值。本书可作为高校师生及企业管理人员研究和学习供应链管理、物流管理、物流工程、采购管理等相关问题的重要参考资料。相信本书的出版对我国企业供应链绩效水平的提升会起到重要促进作用。

何明珂

北京物资学院副院长、教授

教育部物流管理与工程类专业教学指导委员会副主任

2021 年 8 月

　　从配送到物流，从物流到供应链管理，这个既古老又新鲜的产业，伴随着人类文明的进程，正逐渐走进人们生产和生活的中心。

　　从全球物流进入供应链时代，到中国物流进入供应链时代；从金融海啸、贸易摩擦到新冠疫情大流行，供应链管理在应对危机和挑战中扮演着越来越重要的角色。在这个过程中，虽然供应链安全、风险与韧性在供应链管理中的"权重"在上升，但供应链管理的基本原则并没有发生改变，那就是以最小成本提供最好的服务。

　　企业要最大限度地利用供应链管理实践保证产品和服务以最优成本、最短时间准时交付给客户。供应链管理流程为企业建立不可模仿的竞争优势提供了核心工具，而供应链绩效考核体系则是评估企业"以流程推动绩效"这一实现过程与效果的系统工具与方法论。

　　企业供应链绩效考核需要理论与实践相结合、战略与实操相结合。评估供应链管理绩效，既需要从上而下的战略，又需要自下而上的详细方法。从战略到指标的供应链绩效考核方法，既保证了供应链绩效评估的整体性，又确保了细节问题不被忽略：首先要确定供应链绩效考核的正确性——做正确的事，不能做错考核；其次要保证供应链绩效考核的准确性——不能把考核做错。因此，我们既需要从战略出发的绩效考核体系，又需要从基本流程做起的详细的考核指标和公式。

　　本书对供应链绩效考核的演进过程进行了系统回顾和梳理，提出了从战略到指标的系统性考核体系。按照从战略到指标、从理论到实践的逻辑，本书分为理论篇、实战篇、案例篇 3 个部分，共 9 章。

理论篇从供应链管理概念与流程架构说起，回顾了供应链绩效考核的发展历程，介绍了供应链绩效考核的基本方法和框架体系，包括从简单的作业成本法，到 BSC-ABC-EVA（平衡记分卡法—作业成本法—经济价值增值法）相结合的综合体系，再到企业战略供应链考核框架，对主要供应链模型和结构进行了回顾和分析，展现了供应链绩效考核的完整框架。

实战篇通过 6 个步骤说明了企业供应链考核从战略到流程、从整体指标到操作指标、从全部流程到分流程指标的供应链绩效考核流程。供应链绩效考核的第一步是制订战略规划，建立以企业战略为基础的供应链绩效考核体系；供应链绩效考核的第二步是选择绩效考核的模型；供应链绩效考核的第三步是选择指标，包括从企业供应链总体指标经济增加值（EVA），到供应链计划、采购、制造、交付、回收 5 个流程的分类指标；供应链绩效考量的第四步是开始考核，从定性分析到定量分析，分基本流程说明了定向与定量分析、考核的步骤；供应链绩效考核的第五步是标杆对照，包括确定企业外部标杆，设定企业内部标杆，对内外标杆对比评估；供应链绩效评估的第六步是绩效提升，包括制定供应链绩效提升的路线图，以及从战略到指标、从指标到战略循环提升的路线图。

案例篇基于企业供应链绩效考核的实际案例，介绍了绩效考核战略制定、指标设定、考核步骤、绩效测量、绩效提升的完整过程，根据对相隔三年的两次考核结果的对比分析，总结了绩效差距与绩效提升的经验。

随着企业对供应链管理认识程度的加深，越来越多的企业领袖已经形成了共识——供应链绩效对一个企业的市场份额和利润率有着非常重要的财务影响。供应链绩效调查机构的相关证据也越来越来表明，同行业企业中最好的公司与中等水平的公司相比，其供应链总成本要低 30%～50%。

必须要指出的是，只采用绩效考核不能保证提高经济效益，但绩效考核在绩效管理中是必要的，也是不可替代的。其本质在于对企业经营绩效的定性与定量分析，可以与供应链核心流程可行的改进成果相结合。

有鉴于此，本书致力于为建立完整的供应链绩效考核体系的企业管理者提供系统的指南，为高级管理者提供战略指引，为基层操作者提供细化的指标与公式。本书也可以作为供应链管理专业的学生学习和研究的参考教材，助其更全面地学习和掌握供应链绩效管理的工具和方法论，成为兼具有理论知识和操作能力的合格的供应链管理者。

本书的架构体系重点参考了 CSCMP（供应链管理专业协会）的供应链流程标准，在此对案例提供者、供应链流程标准主要起草人表示感谢。本书的所有疏忽和错漏都是作者本人的责任，欢迎读者在使用过程中批评指正，以期共同学习和进步。

王国文

2021 年 5 月

于深圳蛇口

目录

第一篇 理论篇

01

当绩效考核遇到供应链

02

供应链绩效考核的思维方法

第二篇　实战篇

03

供应链绩效考核第1步：战略规划

供应链绩效考核第2步：选择模型

供应链绩效考核第3步：选择指标

06

供应链绩效考核第4步：开始考核

07

供应链绩效考核第5步：标杆对照

第三篇　案例篇

后　记

第一篇　理论篇

当绩效考核遇到供应链

01

市场环境的变化、技术更新换代步伐的加快使企业面临着严峻的战略问题，仅靠内部资源和发展难以支撑可持续的竞争优势，所以企业必须快速提高供应链的竞争优势，提升可持续供应链的绩效。

第一节 为什么要进行供应链绩效考核

核心要点

本节首先介绍了供应链以及供应链管理的定义，梳理了供应链管理概念的发展历程，之后从 4 个角度介绍了为什么需要对企业供应链进行绩效考核，以及绩效考核的价值和意义。

实践指导

明确供应链与供应链管理的定义，包括其内涵和价值，可以让企业充分意识到供应链绩效考核的重要性，并端正态度，坚定供应链绩效考核的决心。

供应链与供应链管理的定义

供应链（supply chain），是指在生产及流通过程中，将产品或服务提供给最终用户活动的上游与下游企业所形成的网链结构。

供应链管理（supply chain management，SCM）是联系企业内部和企业之间主要功能和基本商业过程并将其转化为有机、高效商业模式的管理集成。它驱动企业内部和企业之间的营销、销售、产品设计、财务和信息技术等过程和活动的协调一致。也就是说，供应链管理最大的特点是跨企业的物流活动和商业活动。

供应链管理概念的发展历程

20世纪60年代，美国供应链设计之父杰伊·弗莱斯特（Jay Forrester）提出了企业之间相互关联的观点，并预见性地指出企业的成功在很大程度上依赖企业之间与企业和市场的关联。早在20世纪50年代，弗莱斯特就指出，管理学的主要突破在于理解企业的成功如何依靠企业之间的信息、物料、货币、人力、资本和设备的流动和相互作用。这5个流（信息流、物流、货币流、人力流、资本和设备流）之间的锁定关系相互放大（各自的作用）带来的变革和波动，将构成把握决策、政策、组织形态和投资决策的基础。弗莱斯特引入了一个新的分销管理理论，认可了组织之间相互整合的本质。他认为，（企业之间）系统的变化将影响研发、工艺、销售额和促销等功能的绩效。他还使用了计算机模拟的订单信息流模型解释了上述变化在供应链成员之间流动的过程和对各个成员的生产和分销绩效的影响。

美国密歇根州立大学教授唐纳德·J.鲍尔索克斯（Donald J. Bowersox）等将供应链管理定义为"将组织之间商业运作连接到一起、获得共享市场机会的协作基础上的战略"。

1997年，美国著名的SCM领域咨询专家威廉·科帕奇诺（Willian C. Copacino）认为供应链管理把"涉及从原材料转化为产品到交付到客户手上的所有参与者和所有活动以正确的时间在正确的地点以正确的方式连接到一起"。

同年，玛莎·库珀（Martha Cooper）、道格拉斯·M.兰伯特（Douglas M. Lambert）和贾纳斯·帕格（Janus D. Pagh）提出，供应链管理是从最终用户到原始供应商提供产品、服务和信息，同时为客户增加价值的商业流程的管理集成，它包括了物流定义中没有包括的因素，比如信息系统的整合、计划和控制活动的协调等。

1998年，马丁·斯坦（Martin Stein）和弗兰克·沃尔（Frank Voehl）提出供应链管理是"对供应价值链提供整合管理来满足客户需求和期望、提供从原料供应商到制造商到最终用户的系统的努力"。

2001年，美国田纳西大学营销与物流系教授约翰·托马斯·门泽尔（John Thomas Mentzer）等对供应链管理的概念与内涵进行了系统的阐述。

门泽尔在回顾各种文献中关于供应链管理涉及多个企业、多项商业活动和供应链上企业跨企业和跨功能协同的基础上，将供应链管理定义为：对供应链内传统的企业功能和这些功能所涉及的特定企业内部和企业之间的策略进行系统的战略协调，以达到提高特定企业和供应链整体长期绩效的目的，如图1-1所示。

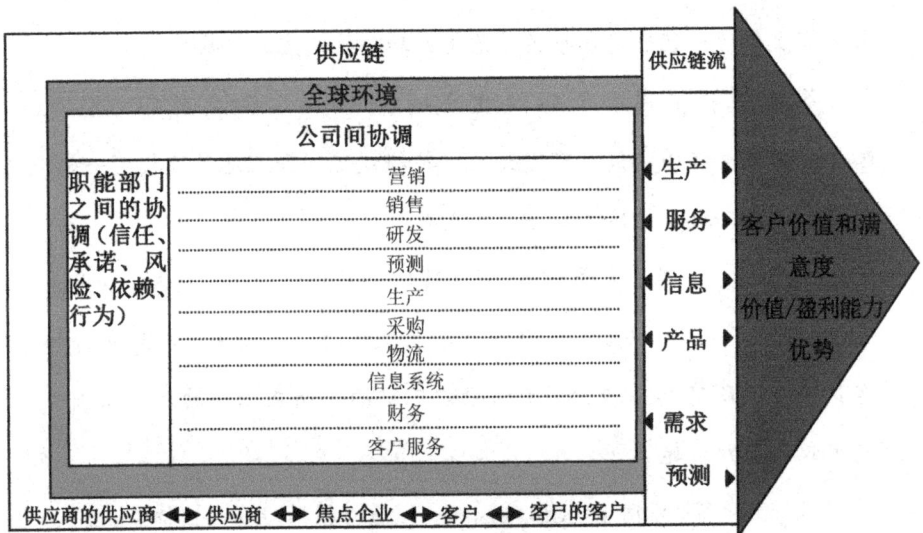

图1-1 供应链模型

门泽尔将供应链描绘成一个管道，主要的供应链流如生产、服务、信息、产品、需求和预测等在管道内流动。传统的业务功能，包括营销、销售、研发、预测、生产、采购、物流、信息系统、财务、客户服务等，管理和完成从供应商到客户的流动，最后为客户提供价值、满足客户需求。客户价值和满意度是特定企业和作为供应链整体获得竞争优势和盈利能力的关键。

另外，门泽尔还进一步解释了跨功能协调的内容，包括信任、承诺、风险、依赖、行为等，以及对企业内部功能共享和协调的生存能力。企业之间的协调包括业务功能在供应链内部的移动，第三方服务供应商的角色，如何管理企业之间的关系以及不同的供应链结构的生存能力，最后分析这些现象在不同的全球化框架中的区别。

从 1992 年起，道格拉斯·M.兰伯特等成立了一个由一些处于非竞争地位的企业和学术研究人员组成的团体——全球供应链论坛（Global Supply Chain Forum，GSCF），开始定期召开会议，其目的是改进供应链管理的理论与实践。

GSCF成员开发并使用的供应链管理定义

供应链管理是对贯穿从最终用户到原始供应商的关键商业流程的整合。这些流程为客户以及其他利益相关者提供能够创造价值的产品、服务和信息。

美国的物流管理协会（Council of Logistics Management，CLM）更名成为供应链管理专业协会（Council of Supply Chain Management Professionals，CSCMP）之后，给出了新的供应链管理的定义。

CSCMP对供应链管理的定义

供应链管理包括采购、外包、转化等过程的全部计划和管理活动及全部物流管理活动。更重要的是，它还包括与渠道伙伴之间的协调和协作，涉及供应商、中间商、第三方服务供应商和客户。从本质上说，供应链管理是企业内部和企业之间的供给和需求管理的集成。

CSCMP 进一步界定了供应链管理的概念边界和关系。

从上述供应链及供应链管理的定义中，我们可以发现供应链管理是企业内部和企业之间物流活动和商业活动的集成，其中包括企业内部计划、采购、制造、交付、回收等主要环节，每个内部环节又不同程度地与企业外部产生联系。

为什么需要对企业供应链进行绩效考核

从供应链管理的概念我们可以看出，供应链管理与传统的物流管理存在显著的区别，这些区别也使供应链管理比传统物流管理更具有优势。但是，要想最大化地发挥这种区别带来的优势，企业就要做好供应链绩效考核。

供应链绩效考核是供应链管理的重要内容，它对供应链运作和管理起着至关重要的作用，对衡量供应链目标的实现程度及提供经营决策支持都具有十分重要的意义。

供应链绩效考核是围绕供应链的最终目标，对供应链包含的各个部门、各个环节进行系统的整体考核、分析与评价。准确地说，供应链绩效考核是对整个供应链的系统运行绩效、供应链各个环节中企业之间的合作关系做出的考核和评价。

供应链绩效考核对企业有重要的价值和作用，具体来说，有以下几点。

一是没有考核就没有管理。从某种程度上说，企业事务没有考核、检查和监督就没有管理，最终会形成"做好做坏一个样，做和不做一个样"的局面，长此下去会严重阻碍企业的发展。因此，企业的发展需要通过绩效考核进行规范。供应链管理作为驱动企业内部和企业之间的营销、销售、产品设计、财务和信息技术等过程和活动的重要角色，对供应链进行绩效考核有助于提升企业管理的效率。

二是为了对过去的业绩做出客观全面的评价，发现问题并提出改进方案。企业通过供应链绩效考核，可以清楚地了解企业当前的供应链管理做出了哪些成绩、获得了哪些成果、存在哪些问题以及这些问题造成了哪些后果、要如何调整等。发现问题并提出改进方案，是供应链绩效考核的一个重要作用。

三是对企业整体供应链有一个客观的评价。供应链绩效管理通过各项数据展示出供应链各个环节的工作效果。对工作在各个环节中的员工来说，绩效考核既是对员工的工作进行客观的考量，也是员工薪酬分配、职位调整等的重要依据。其结果运用到企业管理中后，又能继续帮助企业做出正确的决策，提高供应链管理水平，提升员工素质，引导员工与企业相辅相成，共同发展。

四是有助于提高员工绩效，实现过程的有效控制。员工的工作过程是供应链绩效考核的重要内容。考量员工的业绩，检查员工在生产经营和任务指标完成过程中的工作情况，验证员工的能力和业务水平，不但为调整下一步工作奠定了基础，也有助于提高员工的工作绩效。

总之，对企业供应链进行绩效考核，无论是对供应链的各个环节还是对员工来说，都有重要的积极作用：既能及时发现并改进供应链管理中的问题，又能提升员工的工作积极性，促进企业更好、更快地发展。

第二节　供应链绩效考核发展史

核心要点

本节介绍了供应链绩效考核的发展史，包括考核指标的确定和考核工具的发展与更新。

实践指导

　　无论是平衡供应链记分卡模型，还是 ABC-EVA 模型以及 BSC-ABC-EVA 模型，都是为供应链绩效考核提出的研究和应用的框架，为供应链绩效考核的优化和提升奠定了基础。所以，在实际应用的过程中，我们一定要结合企业自身的实际情况做出适当的调整和优化。

从成本、服务指标到战略指标

　　早期供应链绩效考核指标集中于物流成本，后来发展到成本和服务指标，这个阶段的供应链绩效考核主要集中在成本和服务两个方面，即如何在降低成本的基础上，提高客户服务水平、增加客户满意度。但是在以成本和服务为指标的阶段，仍然会出现一些问题。

　　首先，成本指标成为很多供应链考核模型的绩效指标，但成本指标有缺乏分类关联、缺乏对库存成本的考虑、缺乏灵活性等明显的缺陷，这些问题（比如前期成本问题）被成本会计方法放大了，而忽略了库存成本。

　　其次，客户服务指标包括提前期、断货率和订单满足率等。成本、作业时间、客户反应度、灵活性等指标，先后被单独或并行用于供应链绩效考核。这些指标在单独使用时，具有操作简单的优势，但单一指标在很多情况下不能系统地描述绩效。

　　针对成本指标和服务指标绩效考核的缺点，布莱恩·H. 马斯克尔（Brian H. Maskell）在 1991 年提出制造业的绩效考核指标应与制造业的战略直接相关，企业可以决定绩效指标有没有满足战略要求，人力资源是否将注意力集中在需要考核的方面，这样绩效考核才能指导企业的方向。

　　综合企业战略、管理控制、管理会计方面对绩效考核的研究，1995 年，克里斯・卡普里奇（Chris Caplice）和尤西・谢费（Yossi Sheffi）提出了绩效考核体系的4项基本原则。

绩效考核体系的4项基本原则

第一，考核体系具有综合性，要从不同的角度捕捉绩效。

第二，考核体系不仅要反应结论，还要反应绩效指标的驱动因素。

第三，绩效考核体系应将企业战略与具体的组织层面的特定决策相关联。

第四，绩效考核体系应横向相关或按照流程协同。

绩效考核体系的4项基本原则进一步明确了供应链绩效考核与战略之间的关系。

1999年，比蒙（Beamon）对之前的供应链绩效考核做了一个总结分析。比蒙在之前的供应链绩效指标的基础上，从战略角度总结性地提出了将供应链绩效指标分为资源指标（R）、产出指标（O）和灵活性指标（F）三类。比蒙认为，每类指标有不同的目标，而供应链绩效考核体系必须同时考量三类指标，才能对供应链管理进行总体绩效考核。

BSC供应链绩效考核

BSC供应链绩效考核即平衡计分卡（balanced score card，BSC）绩效考核方法，它是从财务、客户、内部流程、学习与成长4个角度，将组织的战略落实为可操作的衡量指标和目标值的一种新型绩效管理体系。BSC作为全方位企业绩效考核的工具，与供应链管理流程相结合，为供应链流程与企业战略的结合、实现平衡的绩效考核提供了一个完整的框架。

在BSC供应链绩效考核发展的基础上，21世纪初，布鲁尔（Brewer）

和斯拜（Speh）对 BSC 应用于供应链管理绩效考核进行了系统的阐述。

布鲁尔和斯拜首先将供应链绩效分成供应链目标、客户收益、供应链提升、财务收益 4 个方面，将供应链绩效的目标分别与客户满意度、企业财务绩效以及企业如何学习、创新和成长相关联。同时，将 BSC 应用于 SCM 绩效考核的主要理论依据是 BSC 与 SCM 之间的关系，二者的结合是创造供应链竞争优势的源泉。

在这个基础上，建立了 SCM 和 BSC 指标之间的对应关系，如图 1-2 所示。

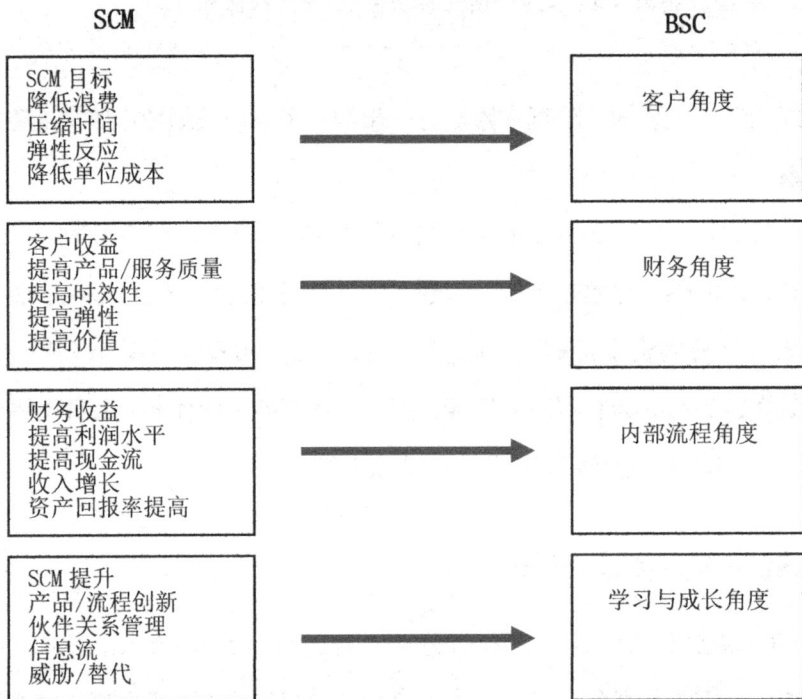

图1-2　SCM和BSC指标之间的对应关系

将供应链的目标和绩效指标代入平衡记分卡的体系内，就形成了平衡供应链计分卡，如图 1-3 所示。

财务视角	
目标	指标
1.利润 2.现金流 3.增长率 4.资产回报率	1.按供应链伙伴划分的利润率 2.现金周期 3.客户增长和客户盈利能力 4.供应链资产回报率

客户视角	
目标	指标
1.客户对产品/服务的评价 2.客户对时效的评价 3.客户对灵活性的评价 4.客户价值	1.客户联系点的数量 2.客户订单反应时间 3.客户对反应灵活性的评价 4.客户价值比率

内部流程视角	
目标	指标
1.减少浪费 2.压缩时间 3.灵活反应 4.降低单位成本	1.本部分的供应链成本 2.供应链周期时间 3.可供选择数量/反应周期时间 4.供应链成本目标完成的百分比

学习和成长视角	
目标	指标
1.产品/流程创新 2.伙伴关系管理 3.信息流 4.威胁及替代方法	1.产品最终完成点 2.产品分类承诺比例 3.共享信息数量 4.竞争技术绩效

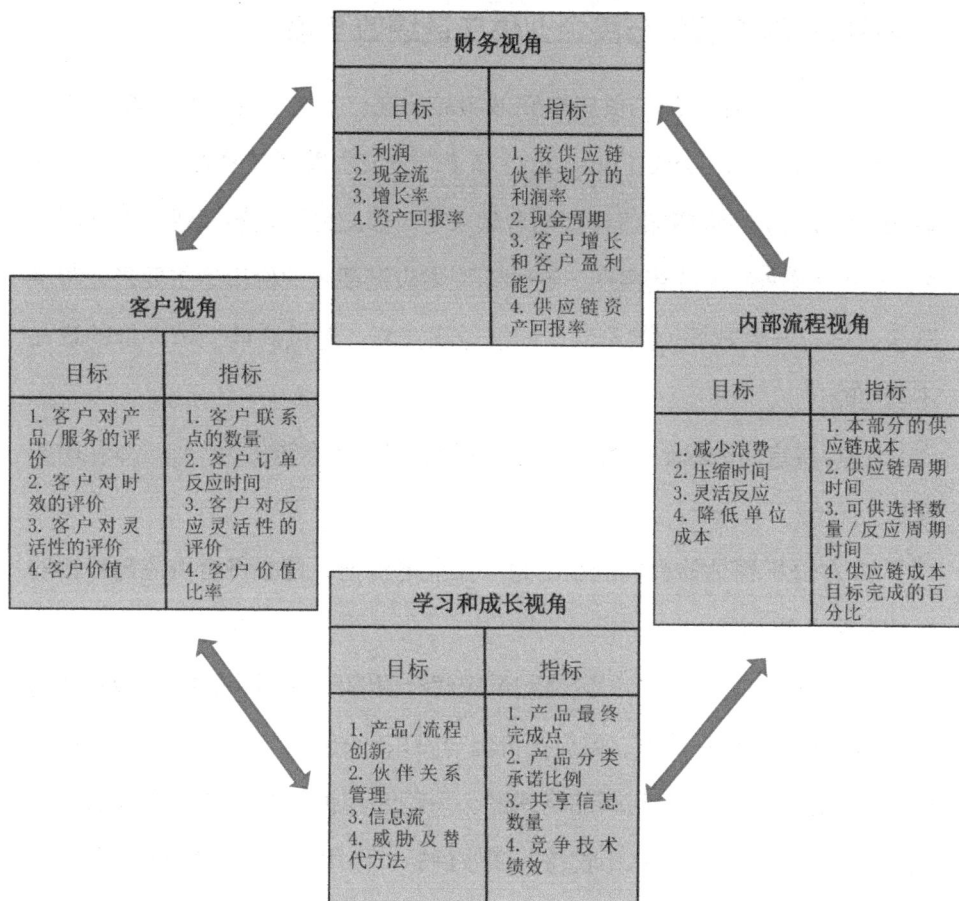

图1-3 平衡供应链记分卡模型

平衡供应链计分卡模型强调了供应链跨企业主要功能和跨企业的本质，提出了企业之间以平衡的方法管理企业内部和供应链伙伴的关系。最主要的是这个模型给出了企业员工和管理层在供应链上获取均衡目标的工具和方法。

平衡供应链记分卡模型不是给出所有的供应链均衡考量指标，而是提出了一个研究和应用的框架，这个框架为供应链绩效考核的细化提供了基础。

ABC-EVA模型与跨企业供应链绩效考核

为了解决企业之间的供应链绩效考核问题，库珀、兰伯特和帕格提出将 ABC（activity-based costing）基于作业成本模型与 EVA（economic value added）经济增加值模型结合起来考量供应链绩效的模型，即 ABC-EVA 供应链绩效评价新模型。这种新型供应链绩效评价模型主要是为解决跨企业供应链绩效评价的难题，如能付诸实施，对供应链绩效评价的意义不言而喻。

ABC 决定什么驱动成本和绩效，并将非财务指标转化为作业成本和财务指标。

EVA 分析评估流程同时驱动每个企业的价值，建立符合供应链目标的协同表现测量方法。

ABC-EVA 模型从客户价值和供应商价值的两端，测量供应链对 EVA 的驱动因素，将客户价值、供应链价值与股东价值结合起来，建立了企业内部和企业之间从行动到利润的路线图。采购端和销售端将企业之间供应链流程中的作业转化为成本和收益的绩效指标，作用于企业的 EVA，最终作用于股东价值。

图 1-4 ~ 图 1-6 分别给出了供应链协同手段驱动供应商价值的 ABC 与 EVA 分析、驱动客户价值的 ABC 与 EVA 分析、组合 EVA 分析的框架。

公司效益测量手段与供应商价值驱动因素及供应链目标的建立和协同

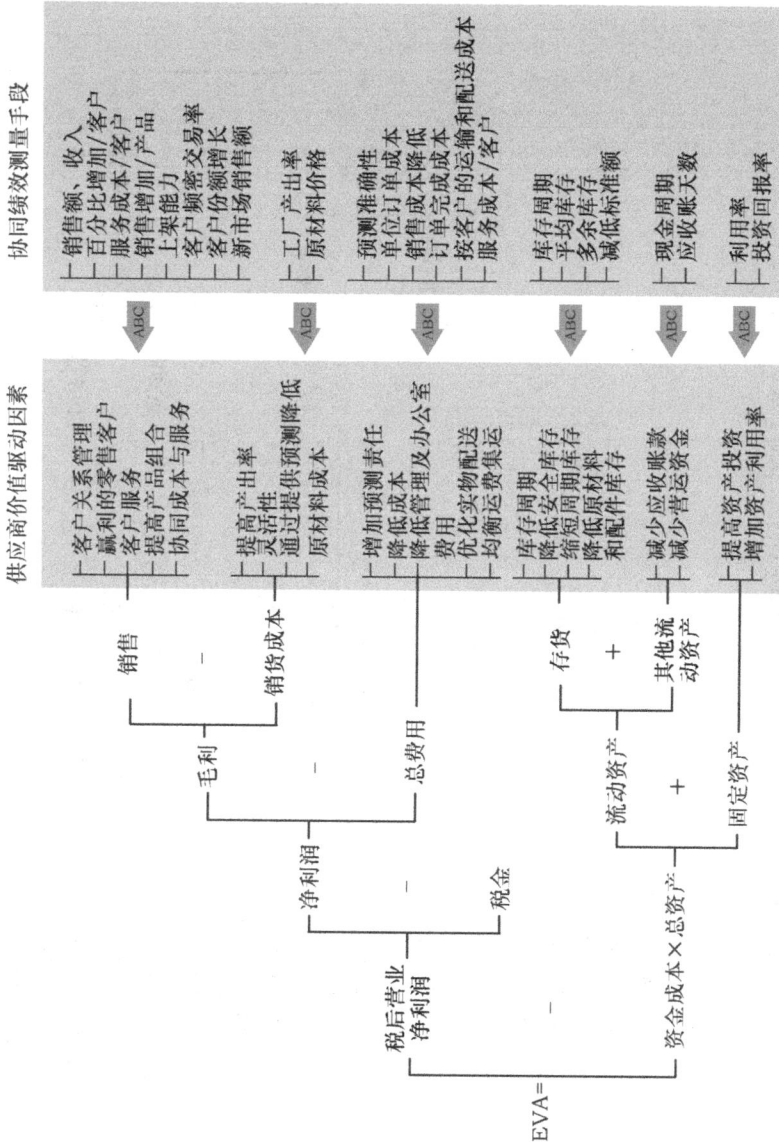

协同绩效测量手段

- 销售额、收入
- 百分比增加/客户
- 服务成本/客户
- 销售增加/产品
- 上架能力
- 客户频繁交易率
- 客户份额销售额增长
- 新市场销售额

- 工厂产出率
- 原材料价格

- 预测准确性
- 单位订单成本降低
- 销售完成成本
- 订单完成率
- 按客户的运输和配送成本
- 服务成本/客户

- 库存周期
- 平均库存
- 多余库存
- 减低标准库存

- 现金周期
- 应收账天数

- 利用率
- 投资回报率

供应商价值驱动因素

- 客户关系管理
- 赢利的零售客户
- 提高客户服务
- 协同成本与服务

- 提高产出率
- 灵活性
- 通过提供预测降低原材料成本

- 增加预测责任
- 降低成本
- 销售管理及办公室费用
- 优化实物配送
- 均衡运费集运

- 库存周期
- 降低安全库存
- 缩短周期原材料
- 降低原材料和配件库存

- 减少应收账款
- 减少营运资金

- 提高资产投资
- 增加资产利用率

EVA= 税后营业净利润 - 资金成本×总资产

净利润 - 税金 = 税后营业净利润

毛利 - 总费用 = 净利润

销售 - 销货成本 = 毛利

流动资产 + 固定资产 = 总资产

存货 + 其他流动资产 = 流动资产

图1-4 供应链协同手段驱动的商价值的ABC与EVA分析

当绩效考核遇到供应链

15

公司绩效测量手段与客户价值驱动因素及供应链目标的建立和协同

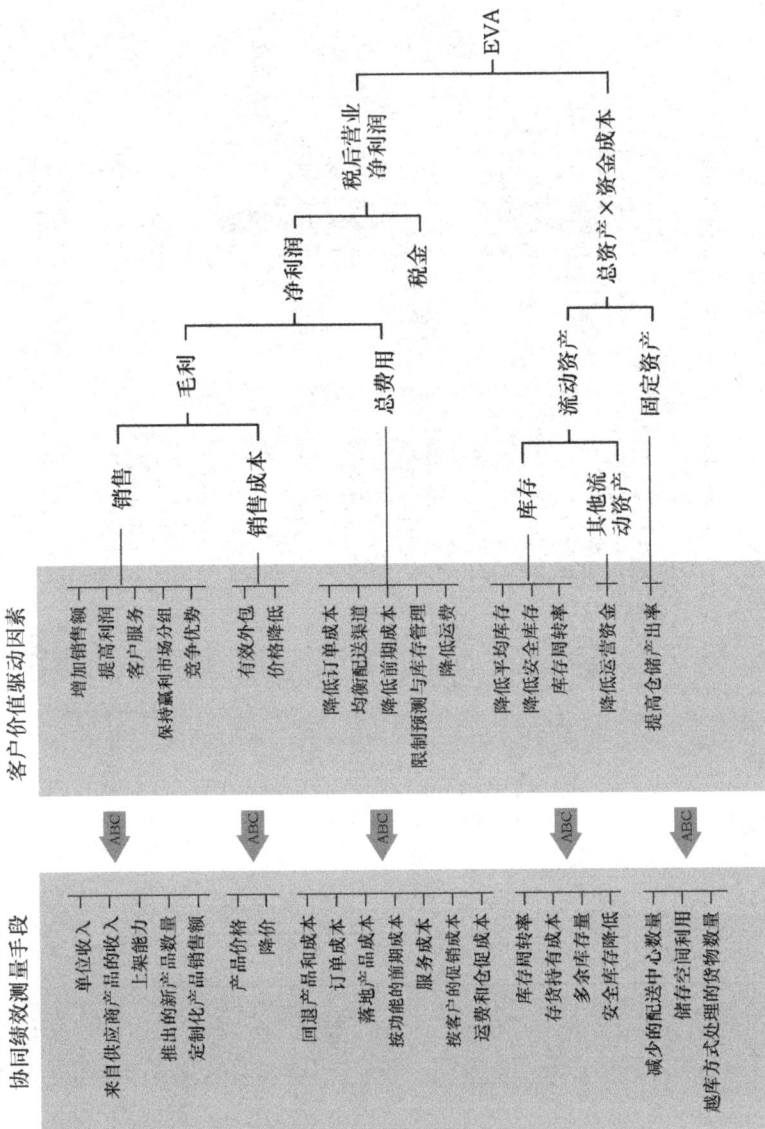

客户价值驱动因素

销售	增加销售额
	提高利润
	客户服务
	保持赢利和市场分组
	竞争优势
销售成本	有效外包
	价格降低
净利润 — 毛利	
	降低订单成本
	均衡配送渠道
总费用	降低前期库存成本
	限制预测与库存管理
	降低客户运营费
库存	降低平均库存
	降低安全库存
	库存周转率
流动资产	
其他流动资产	降低运营资金
固定资产	提高仓储产出率

税后营业净利润
税金
总资产 × 资金成本

EVA

协同绩效测量手段

单位收入
来自供应商产品的收入
上架能力
推出的新产品数量
定制化产品销售额
产品价格
降价
回退产品利和成本
订单成本
落地产品成本
按功能的前期成本
服务成本
按客户的促销成本
运费和仓储成本
库存周转率
存货持有成本
多余库存量
安全库存降低
减少的配送中心数量
储存空间利用
越库方式处理的货物数量

ABC

图1-5 供应链协同手段驱动客户价值的ABC与EVA分析

组合EVA分析

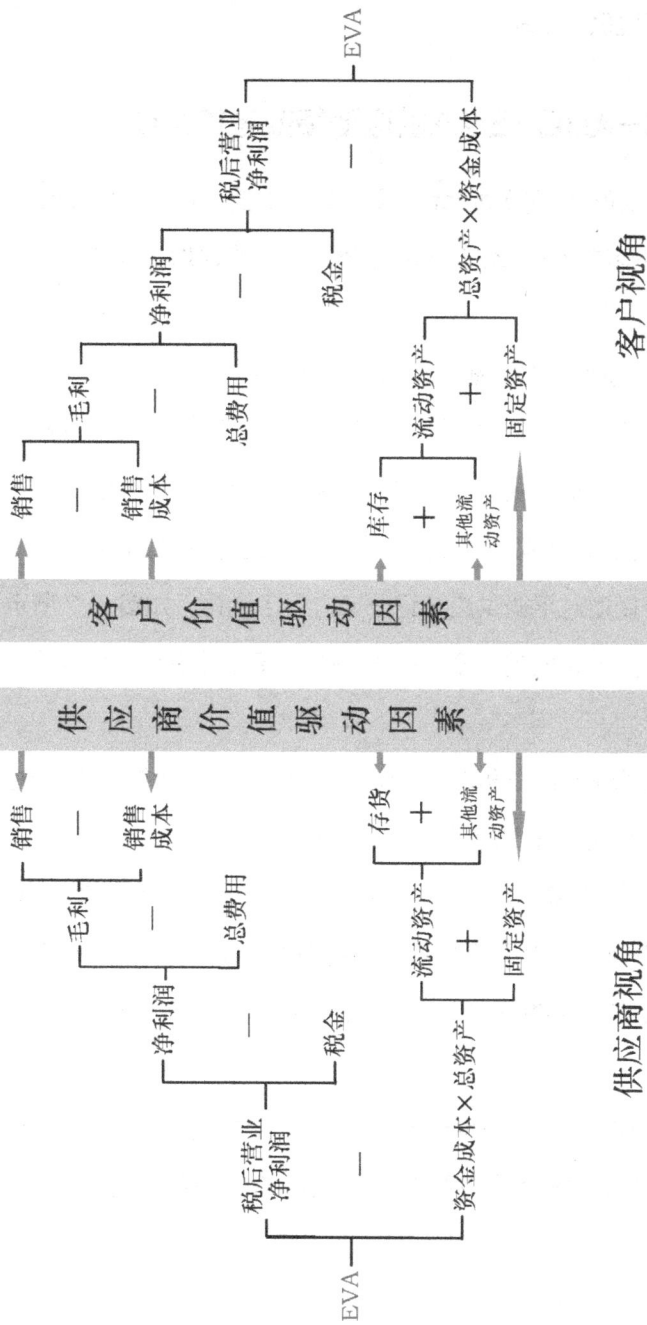

图1-6 供应链协同手段驱动EVA组合分析

客户价值驱动因素

供应商价值驱动因素

客户视角

供应商视角

EVA

当绩效考核遇到供应链

01

17

ABC-EVA 模型不仅为跨企业供应链绩效考核提供了方法，也为供应链协同管理提供了帮助。

BSC-ABC-EVA供应链绩效考核框架

L.T. 波伦（L.T. Pohlen）和 J.B. 科尔曼（J.B. Coleman）将 ABC-EVA 模型与平衡供应链记分卡予以整合，提出了 BSC-ABC-EVA 供应链绩效考核框架。

EVA 避免了与传统财务报告相关的典型问题——没有考虑产生收入和收益的资本。ABC 更加准确地将直接成本和间接成本分摊到业务活动（作业）上，分摊到消费这些活动的产品、服务和客户上。BSC 则整合了 EVA 和 ABC 分析，确保管理层全面考虑影响企业绩效的所有因素。

这个模型对平衡供应链记分卡进行了优化，如图 1-7 所示，解释了三种绩效考核方法之间的关系，如图 1-8 所示，并进行了跨企业延伸，如图 1-9 所示。

将组合 EVA 分析从供应商－客户关系，延伸到供应链中其他主要关系，整个供应链的绩效是由每个企业的资本市值（市价总值）的变化（利润变化 × 市盈率）决定的。零售商 A 对批发商 B 将通过盈亏（P&L）分析报告评价它们之间的关系。与批发商相关的任何收入和成本的变化，都可追溯到盈亏平衡表中，从而对零售商 A 的资本市值（市价总值）带来变化。

将 ABC 与 EVA 相结合，推导出跨企业供应链对单一企业的影响的传递过程，进而得出企业在供应链上实施跨企业绩效考核而获得竞争优势的结论。

平衡计分卡 (BSC)

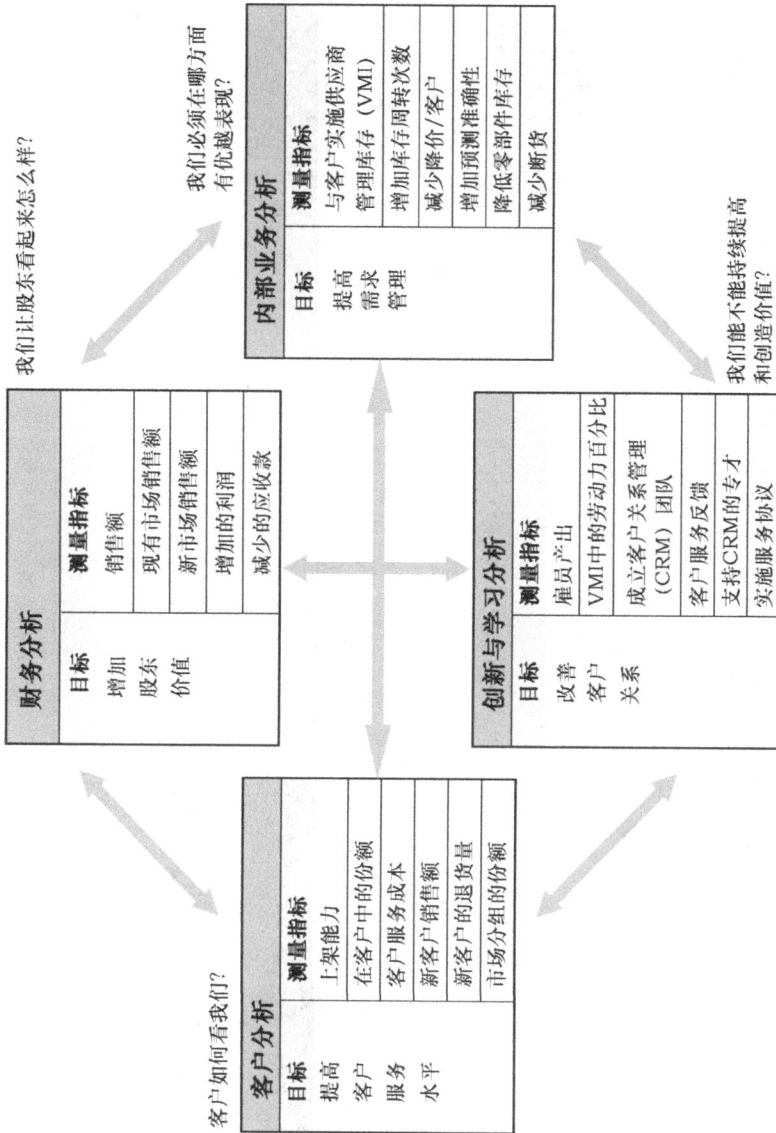

我们让股东看起来怎么样?

财务分析

目标	测量指标
增加股东价值	销售额
	现有市场销售额
	新市场销售额
	增加的利润
	减少的应收款

我们必须在哪方面有优越表现?

内部业务分析

目标	测量指标
提高需求管理	与客户实施供应商管理库存 (VMI)
	增加库存周转次数
	减少降价/客户
	增加预测准确性
	降低零部件库存
	减少断货

客户如何看我们?

客户分析

目标	测量指标
提高客户服务水平	上架能力
	在客户中的份额
	客户服务成本
	新客户销售额
	新客户的退货量
	市场分组的份额

我们能不能持续提高和创造价值?

创新与学习分析

目标	测量指标
改善客户关系	雇员产出
	VMI中的劳动力百分比
	成立客户关系管理 (CRM) 团队
	客户服务反馈
	支持CRM的专才
	实施服务协议

图1-7 平衡供应链记分卡

当考核绩效遇到供应链

整合股东价值、作业成本分析和平衡计分卡

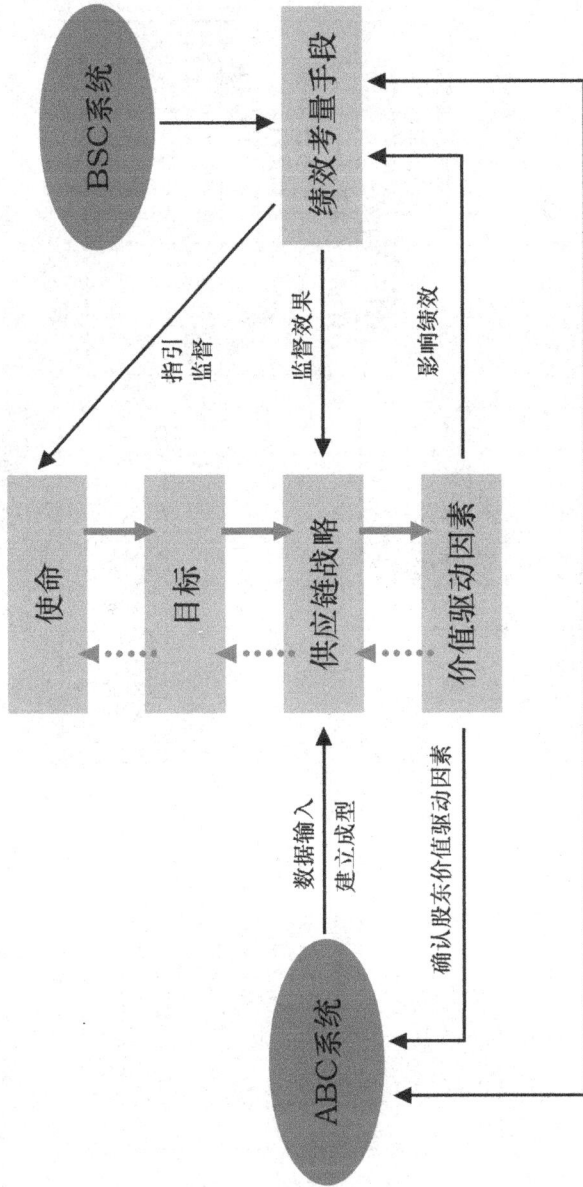

BSC系统 → 绩效考量手段

指引
监督

监督效果

影响绩效

使命 → 目标 → 供应链战略 → 价值驱动因素

数据输入
建立成型

确认股东价值驱动因素

ABC系统

为更准确地测量提供数据

图1-8　EVA-ABC-BSC供应链绩效考核框架

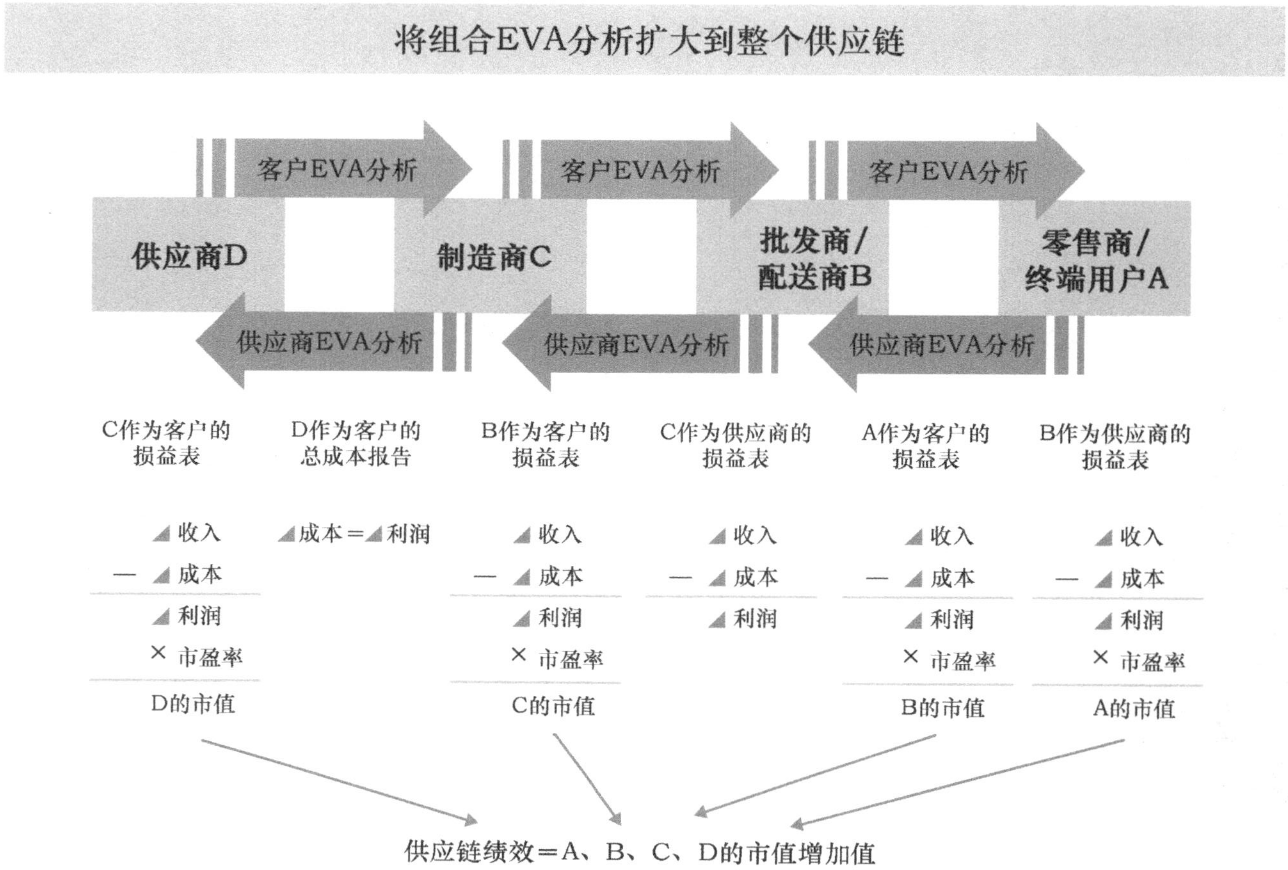

将组合EVA分析扩大到整个供应链

供应链绩效=A、B、C、D的市值增加值

图1-9　EVA-ABC-BSC供应链绩效考核框架的跨企业延伸

以上 4 种供应链绩效考核构成了供应链绩效考核的发展史，每一个绩效模型都有其特点和价值，企业可根据自己的发展阶段和现状，选择适合自己的供应链考核模型，以最大化地呈现考核结果。

供应链绩效考核的思维方法

02

建立正确的供应链考核的思维方法有赖于清楚地了解绩效考核方法、考核框架体系和考核模型。企业开展供应链绩效考核需要有系统框架做支撑，才能全面发挥其作用。在设计供应链绩效考核时，企业必须用全局的思维去考虑，综合运用各种方法和模型，才能将各要素予以统筹安排。

第一节　绩效考核方法

核心要点

　　本节介绍了主要的绩效考核方法，包括作业成本法（ABC）、关键绩效指标法（KPI）、平衡记分卡法（BSC）、经济价值增值法（EVA）和标杆绩效考核法（benchmarking）。

实践指导

　　企业在利用绩效考核方法对供应链绩效进行考核时，需要结合供应链管理的流程综合使用。因为供应链管理流程既包括企业内部的流程，也包括企业之间的流程，采用任何单一的方法，都不能对供应链绩效做出全面的考核。

作业成本法（ABC）

　　作业成本法（activity-based costing，ABC）是度量成本对象、作业和资源的成本绩效的方法论。成本对象消耗作业，作业消耗资源。资源成本根据资源使用情况将其分配到各种作业中；作业成本根据发生作业的比例再将其分配到成本对象（如产品）中。作业成本分析融合了成本对象与作业之间以及作业与资源之间的因果关系。

　　现代管理学将 ABC 成本法定义为"基于活动的成本管理"。ABC 成本法是根据事物的经济、技术等方面的主要特征，运用数理统计方法，进行统计、排列和分析，抓住主要矛盾，分清重点与一般，从而有区别地采取管理方式的一种定量管理方法。

与传统成本计算方法不关注企业的目标不同，作业成本从一开始就考虑企业的实施目标和范围，结合企业的实际情况来实施，并把成本核算与成本信息分析和应用结合起来，直至采取改善行动，为企业提供一个整体的解决方案，如图 2-1 所示。如果用一个形象的例子说明，传统成本计算方法就是将成本平均分配给成本对象，类似朋友聚餐时的 AA 制，操作简单但对成本的发生并不明确；作业成本法的核心原则是去平均化，即喝红酒的就支付红酒的费用，吃牛排的就支付牛排的费用，吃青菜的就支付青菜的费用，虽然操作起来复杂一些，但是对成本的把控更准确。可以说，作业成本法使企业能够以更加清晰的因果方法分摊成本。

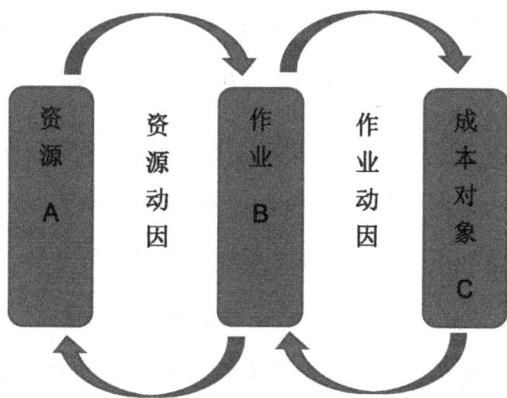

图2-1　作业成本法（ABC）基本模型

为了更好地理解作业成本法，下面我们介绍一下作业成本法产生的背景。

作业成本法产生的背景

对作业成本法的研究最早可追溯到 20 世纪 40 年代，最早提出的概念是"作业会计"（activity-based accounting）。美国会计学家埃里克·科勒（Eric Kohler）教授于 1941 年在《会计论坛》杂志发表的论文中首次对作业、作业账户设置等问题进行了讨论，并提出"每项作业都设置一个账户""作业就是一个组织单位对一项工程、一个大型建设项目、一项规划及一项重要经营的各个具体活动做出的贡献"。

20世纪70年代初，美国的乔治·斯托布斯（George Staubus）教授是第二位致力于作业成本法研究的学者，对作业成本计算法的形成做出了重要贡献，他认为，"作业会计"是一种和决策有用性目标相联系的会计，研究作业会计首先应明确"作业""成本"和"会计目标－决策有用性"三个概念。

1971年，斯托布斯在具有重大影响的《作业成本计算和投入产出会计》一书中，对"作业""成本""作业成本计算"等概念做了全面阐述，引发了20世纪80年代以后西方会计学者对传统的成本会计系统的全面反思。

1988年，美国哈佛大学的罗宾·库珀（Robin Cooper）在《成本管理》杂志上发表了《一论ABC的兴起：什么是ABC系统？》一文，认为产品成本就是制造和运送产品所需全部作业的成本的总和，成本计算的最基本对象是作业；ABC赖以存在的基础是作业消耗资源、产品消耗作业。接着库珀又连续发表了《二论ABC的兴起：何时需要ABC系统？》《三论ABC的兴起：需要多少成本动因并如何选择？》《四论ABC的兴起：ABC系统看起来到底象什么？》三篇文章。他还与平衡记分卡的创始人罗伯特·卡普兰（Robert S.Kaplan）合作，在《哈佛商业评论》上发表了《计量成本的正确性：制定正确的决策》等论文，对作业成本法的现实意义、运作程序、成本动因选择、成本库的建立等重要问题进行了全面深入的分析，奠定了作业成本法研究的基石。

随着探讨的专家越来越多，作业成本法的内涵也越来越完善。供应链作业成本是从供应链的视角，以作业和交易为基础，通过分析间接费用来优化产品的各种成本。因此，在供应链作业成本中，需要分析传统企业层的间接费用（作业成本）和供应链层的间接费用（交易成本）。交易成本要根据客户、供应商、合同谈判等交易来分析。

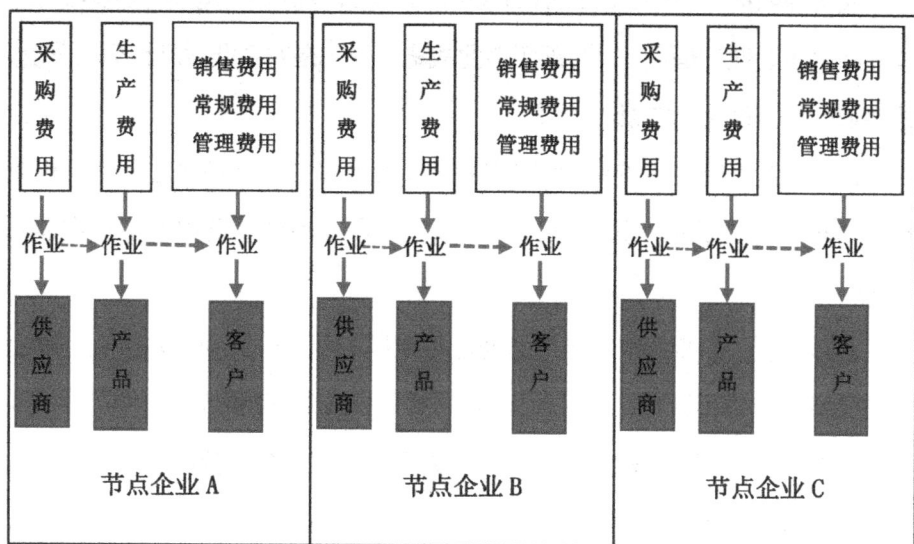

图2-2　供应链的作业成本法（ABC）

在图 2-2 中，供应链上的每一个节点企业的供应商成本、产品成本及客户服务成本相连后，就形成了一条供应成本链。对企业来说，既可以进行单独节点企业的成本管理，也可以进行整个供应链的成本管理，后者更为高效。

需要注意的是，由于成本动因和企业的业务是变化的，基于此，为了确保过去的数据和分析结果仍然有效，ABC 分析也需要定期进行修订。这种修订应当促使定价、产品、顾客重点、市场份额等战略的改变，从而提高企业的盈利能力。

关键绩效指标法（KPI）

1954 年，美国管理大师彼得·德鲁克（Peter F. Drucker）在泰罗的科学管理和行为科学理论的基础上提出了"目标管理和自我控制"。目标管理从提出到发展成熟是企业由粗放式管理逐步进入精细化管理的标志。为了更好地实现企业的目标，基于二八原理和SMART原则产生了关键绩效指标法。

关键绩效指标（key performance indicator，KPI），是指对企业或部门具有战略重要性的指标。KPI源于企业战略目标，是对企业战略目标的分解，是企业战略具体化的结果。

KPI是对业绩产生关键性影响的指标。KPI考核法是把企业战略目标分解为具体目标，提取可量化的关键性指标，在实施绩效管理的企业中最为常见。

具体来说，KPI绩效考核法是通过对组织内部某一流程的输入端、输出端的关键参数进行设置、取样、计算、分析，衡量流程绩效的一种目标式量化管理指标，是把企业的战略目标分解为可运作的远景目标的工具，是企业绩效管理系统的基础。

虽然看起来是一个流程化的模式，但是建立明确的切实可行的KPI体系是做好绩效管理的关键。

KPI体系建立的流程

（1）根据企业战略找出业务重点，再根据业务重点找出整个企业关键领域的绩效指标（建立企业级KPI）；

（2）对相应系统的KPI进行分解，确定相关的要素目标，分析绩效驱动因素（包括技术、组织、员工），确定实现目标的工作流程（建立各系统KPI）；

（3）分解出各系统部门级的KPI指标（建立部门KPI）；

（4）对部门级的KPI指标进一步细分，针对各职位制定业绩衡量指标，即建立员工KPI。

最终形成的业绩衡量指标就是员工考核的要素和依据。KPI 体系的建立和指标的测评过程，就是统一全体员工朝着企业战略目标努力的过程，也将对各部门管理者的绩效管理工作起到很大的促进作用。

供应链 KPI 绩效考核构成是从企业、供应链系统到部门再到员工的体系。管理者给下属订立工作目标的依据来自部门的 KPI，部门的 KPI 来自供应链系统的 KPI，供应链系统的 KPI 来自企业级 KPI，如图 2-3 所示。如此一来，供应链系统的每个职位都是按照企业要求的方向去努力。

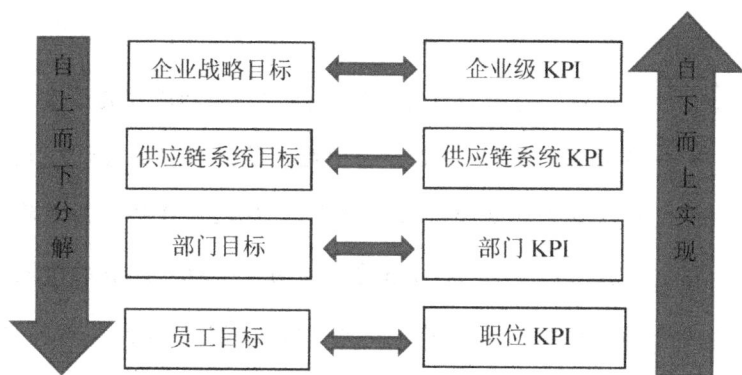

图2-3　KPI绩效考核系统

KPI 绩效考核的最终目标是企业组织结构集成化，以提高企业的效率，精减不必要的机构、不必要的流程以及不必要的系统。严格地说，没有任何两个职位的内容是完全相同的，但相同性质的不同职位可以利用相同的 KPI 或衡量指标。相同职位的两个不同的任职者，虽共用相同的指标，但因其能力和素质水平不同，可以为其制定不同水平的目标。

● 平衡记分卡法（BSC）

平衡计分卡是同时基于财务和非财务指标的结构化的企业绩效考核体系，也是常见的绩效考核方法之一。它通过一系列财务和运作指标来评估企业或供应链绩效。

平衡计分卡法产生的背景

平衡计分卡法源自美国哈佛商学院的领导力开发课程教授罗伯特·卡普兰（Robert Kaplan）与美国复兴全球战略集团创始人兼总裁大卫·诺顿（David Norton）于 1990 年所从事的"未来组织绩效衡量方法"研究计划。该计划对在绩效测评方面处于领先地位的 12 家企业进行了为期一年的研究，目的在于找出超越传统以财务会计量度为主的绩效衡量模式，以使组织的"策略"能够转变为"行动"。

1992 年，该研究的结论以《平衡计分卡：驱动绩效的量度》一文发表于《哈佛商业评论》。平衡计分卡指出传统的财务会计模式只能衡量过去发生的事项（落后的结果因素），但无法评估企业前瞻性的投资（领先的驱动因素），提出通过一组由 4 项观点组成的绩效指标架构来评价组织的绩效。此 4 项指标分别是财务、客户、内部流程、学习与成长。

基于平衡记分卡产生的背景，我们将平衡记分卡分为客户视角、财务视角、内部流程视角和学习与成长视角 4 个维度，从形式上把总体目标、战略和评估指标相结合。每一维度都有相对应的目标和指标体系，如图 2-4 所示。

一是财务指标。考核财务指标的目标是解决"股东怎么看待我们？"这类问题。财务指标表明我们的努力是否对企业的经济收益产生了积极的作用，因此，财务指标是其他三个指标的出发点和归宿。财务指标通常包括利润、收入、资产回报率和经济增加值（EVA）等。

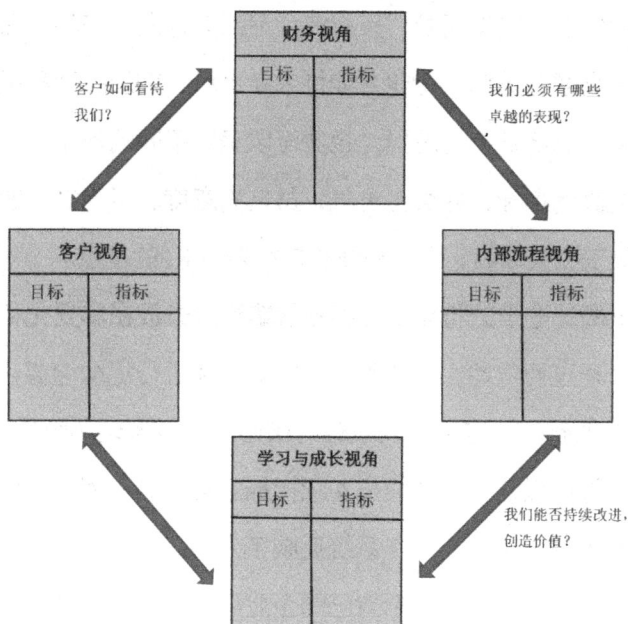

财务视角

目标	指标

客户如何看待
我们？

我们必须有哪些
卓越的表现？

客户视角

目标	指标

内部流程视角

目标	指标

学习与成长视角

目标	指标

我们能否持续改进，
创造价值？

图2-4　平衡记分卡的4个维度

二是客户指标。客户指标回答的是"客户如何看待我们"的问题。客户是企业之本，是现代企业的利润来源，因此客户感受应成为企业的关注焦点。通过客户的眼睛来看企业，从时间（交货周期）、质量、服务和成本几个方面关注市场份额以及客户的需求和满意程度。客户指标体现了企业对外界变化的反映，是BSC的平衡点，常见的指标包括按时交货率、新产品销售所占百分比、重要客户的购买份额、客户满意度指数、客户排名顺序、客户忠诚度、新客户增加比例、客户利润贡献度等。

三是内部流程指标。内部流程指标着眼于企业的核心竞争力，回答的是"我们必须有哪些卓越的表现"的问题。事实上，无论是按时向客户交货还是为客户创利，都是以企业的内部业务为依托的。因此，企业应甄选出那些对客户满意度有最大影响的业务程序（包括影响时间、质量、服务和生产率的各种因素），明确自身的核心竞争力，并把它们转化成具体的测评指标。

四是学习和成长指标。考核学习和成长指标的目标是解决"我们能否持续改进，创造价值"这类问题。只有持续不断地开发新产品，为客户创造更多的价值并提高经营效率，企业才能打入新市场，增加红利和股东价值。根据经营环境和利润增长点的差异，企业可以确定不同的产品创新、程序创新和生产水平提高的指标，如员工士气、员工满意度、平均培训时间、再培训投资和关键员工流失率等。学习和成长指标是 BSC 的基点。

总之，平衡计分卡的特点是始终把战略和远景放在其变化和管理过程中的核心地位。通过清楚地定义战略，始终如一地进行组织沟通，并将其与变化驱动因素联系起来，构建"以战略为核心的开放型闭环组织结构"，使财务、客户、内部流程、学习与成长 4 项指标互动互联，浑然一体。从人力资源管理的角度来看，平衡计分卡系统反映了人、财、事、物的完美统一。利用平衡计分卡，我们就可以测量自己的企业如何为当前以及未来的客户创造价值了。在保持对财务业绩关注的同时，它清楚地表明了卓越而长期的价值和竞争业绩的驱动因素。

经济价值增值法（EVA）

经济价值增值 EVA（economic value added）是股东价值度量指标，是企业税后运营利润，减去创造利润的资本的费用，是企业经营利润在扣除全部资本成本之后的余额。经济价值增值法理论出自诺贝尔奖经济学家默顿·米勒（Merton Miller）和弗兰科·莫迪利亚尼（Franco Modigliani）发表于1958—1961 年关于公司价值的经济模型的一系列论文。

进一步解释，EVA 就是指企业税后营业净利润与全部投入资本（借入资本和自有资本之和）成本之间的差额。

如果企业的资本收益超过了它的资本成本，即 EVA 为正值，那么它就具有真实利润，企业的经营者就增加了企业的价值，同时也为股东创造了真实的财富。反之，如果企业当年的 EVA 为负值，则说明企业发生经济亏损，企业的价值遭到损害，同时股东的财富也受到侵蚀，如图 2-5 所示。

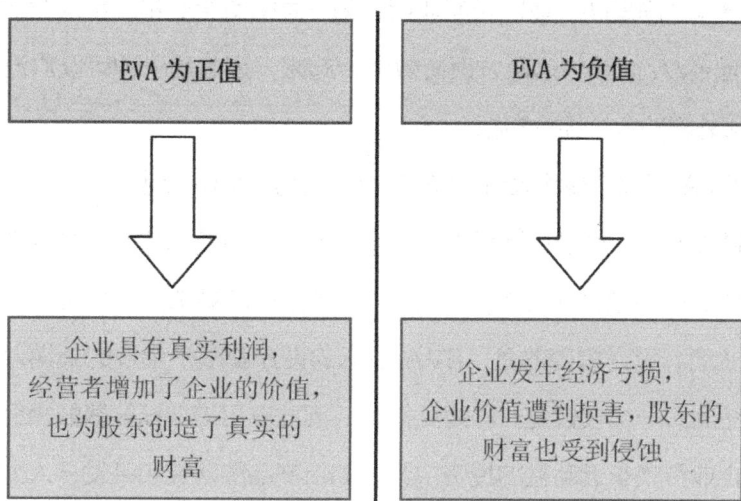

图2-5 EVA与企业的利润、价值以及股东财富之间的关系

EVA 指标衡量的是企业资本收益和资本成本之间的差额，其最重要的特点就是从股东的角度重新定义企业的利润，考虑了企业投入的所有资本（包括权益资本）的成本。

经济增值法的计算公式为：**EVA= 税后经营利润 − 占用资本 × 资本成本率。**（其中占用资本是指企业占用股东的资本。）

EVA 的应用创造了使经营者更接近于股东的环境。企业的经营者包括一般雇员都开始像企业的所有者一样思考，权益资本不再被视为"免费资本"，他们不再追求企业的短期利润，开始注重企业的长期目标与最大化股东财富的目标相一致，注重资本的有效利用以及现金流量的增加，以此来改善企业的 EVA 业绩。经济增加值是公司业绩度量指标，与大多数其他度量指标的不同之处在于：EVA 考虑了带来企业利润的所有资金成本。

EVA 绩效考核法就是以 EVA 为核心指标所建立的绩效考核体系。该指标体系的创始人斯特恩·斯图亚特（Stern Stewart）认为，无论是会计收益还是经营现金流量指标都具有明显的缺陷，应该坚决抛弃。会计收益未考虑

供应链绩效考核的思维方法

企业权益资本的机会成本，难以正确地反映企业的真实经营业绩；经营现金流量虽然能正确反映企业的长期业绩，却不是衡量企业年度经营业绩的有效指标。而 EVA 能够将这两方面有效结合起来，因此是一种可以广泛用于企业内部和外部的业绩评价指标。

从 EVA 绩效考核法来看，经济价值增值法有 3 个优势。

一是真实性。 由于在计算上考虑了企业的权益资本成本，并且在利用会计信息时尽量消除会计失真，因此 EVA 指标能够更加真实地反映一个企业的经营业绩。更为重要的是，EVA 指标的设计着眼于企业的长期发展，而不是像净利润一样仅仅是一种短期指标，因此应用该指标能够鼓励经营者进行能给企业带来长远利益的投资决策，如新产品的研究和开发、人力资源的培养等，这样就能杜绝企业经营者短期行为的发生。

二是激励性。 企业应用 EVA 能够建立有效的激励报酬系统。这种系统通过将经营者的报酬与 EVA 指标挂钩，正确引导经营者的努力方向，促使经营者充分关注企业的资本增值和长期经济效益。

三是未来发展性。 EVA 研究的是企业的价值，而不仅仅是利润。这一点无论是对想要提高股价的上市企业还是想方设法促使企业未来价值高于现在价值的未上市企业来说都很重要。EVA 本身衡量的就是企业获取的利润究竟是高于还是低于投资者所期望的最低报酬。

> 最低报酬指的是企业为了使用投资者的资金而必须提供给投资者的最低收益。超过这个最低收益的所有收益称之为"超额收益"。最低报酬率依据每个企业的风险级别而不同。例如，高科技企业是比零售企业风险性更高的行业，相应地，高科技企业的投资者所期望的最低报酬率就要比零售企业的投资者期望的高。

综上，EVA 在供应链绩效考核中的应用能够更清晰地看出供应链的增值状况，从而更直观地看出供应链的整体运营状况以及核心企业对供应链做出的贡献。

标杆绩效考核法（Benchmarking）

标杆绩效考核法包含标杆（benchmark）和标杆绩效考核（benchmarking）两个内涵。其中"benchmarking"将"benchmark"转化为动名词形式，就使标杆变成了一种行为。美国生产力与质量中心 APQC（American Productivity and Quality Center）对"benchmark"的解释是"一种可测量的业界最佳水平的成绩；用来比较的参考尺度；得到认可的绩效水平，作为特定商业流程的卓越标准"；对"benchmarking"的解释是"确定、学习和应用世界上任何一个地方的任何一个组织的最佳实践和流程，帮助一个组织提高绩效"。

从本质来说，标杆绩效考核法就是向标杆学习。标杆绩效考核法实施的核心是搜集潜在的知识，包括管理知识、判断、实施因素等，这些都是表面的知识体系经常忽略的问题。

企业使用标杆绩效考核法的好处有 5 点。

第一，避免重复劳动。

第二，加速变化和重构：采用经受测试和检验的实践，以事实清除疑虑，发现差距从而产生紧迫感。

第三，从外部寻找创意方法。

第四，倒逼组织检讨现有流程，促进自身的提升。

第五，流程所有者的参与，使实施更加容易。

在标杆绩效考核法中，安德森和帕特森（Andersen and Pettersen）做出了重要的贡献，具体来说，有两点。

第一，在 1995 年，安德森和帕特森使用的图示形象地标识了绩效考核的突破提升作用，如图 2-6 所示。

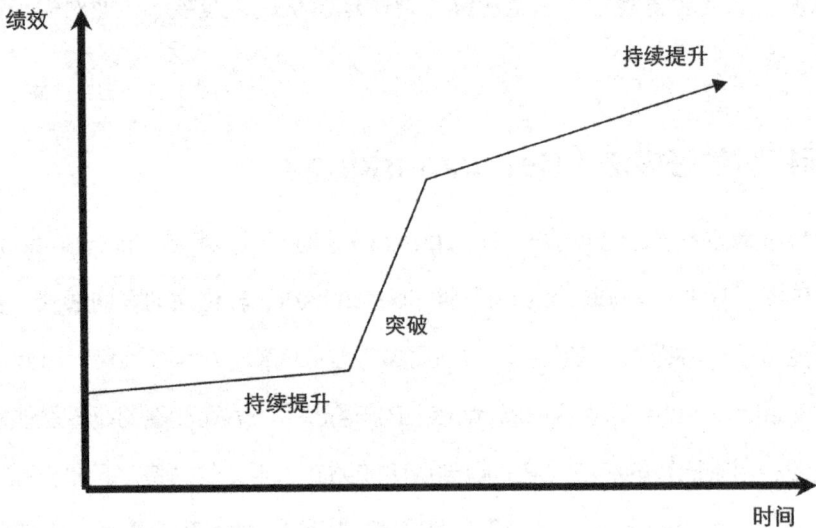

图2-6　绩效考核的突破

在图 2-6 中，突破区间是通过将绩效考核实践引入新的行业来实现的。为了更好地理解标杆对照的意义，表 2-1 给出了一些实例。

表2-1　引入标杆绩效考核的案例

问题	比较
医院的挂号排队	酒店的入住接待
机器安装实践太长	一级方程式的进站服务团队
新混凝土的交付计划	热比萨饼的派送
没有安排好热电机组的维护	航空发动机的维护
发动机盖与气缸形状和表面光滑度的制造困难	唇膏外包装管的制造

通过标杆对比，企业一方面能够发现当前所存在的问题，另一方面也能"见贤思齐"，寻找更有效的改进方法。

第二，安德森用绩效考核轮模型解释了标杆绩效考核过程的各个步骤，将绩效考核分成 5 个阶段，每个阶段完成绩效考核的一个步骤，如图 2-7 所示。

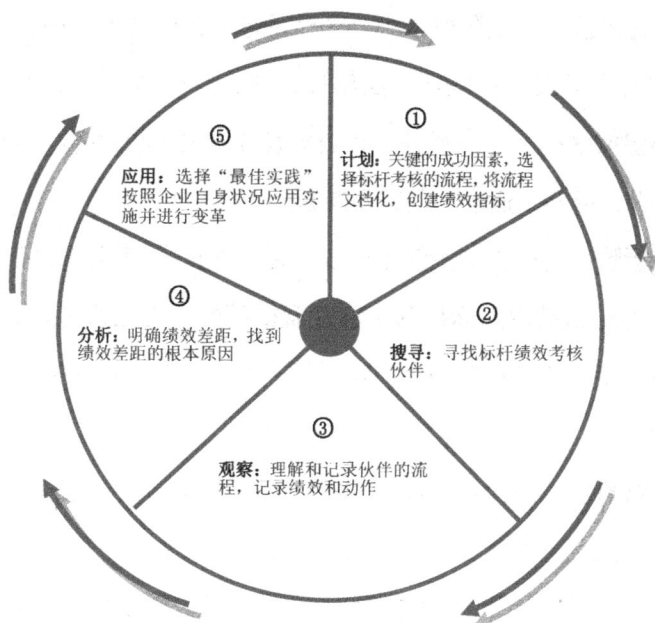

图2-7　绩效考核轮模型

不过，罗伯特·C.坎普（Camp R.C.）在其著作《水平比较法：追求企业卓越绩效的最佳实践》一书中提出的标杆绩效考核的 5 个阶段与安德森的略有不同。在罗伯特看来，标杆绩效考核分为 5 个阶段，如图 2-8 所示。

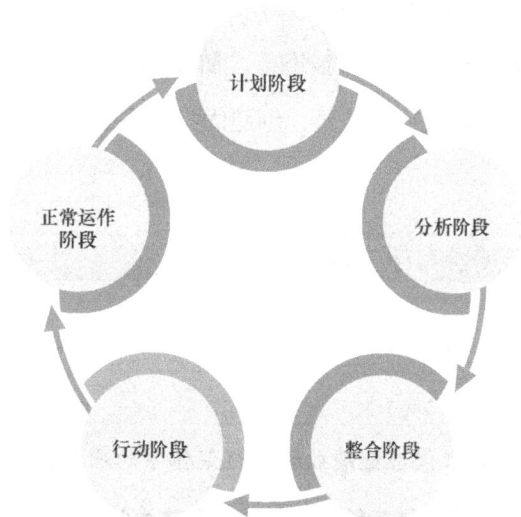

图2-8　罗伯特将绩效考核分为5个阶段

供应链绩效考核的思维方法

一是计划阶段。计划阶段是第一个也是最关键的阶段。在此阶段中，企业要提出哪些产品或者职能需要实施标杆法，选择哪一个企业作为标杆目标，需要哪些数据和信息来源等。计划阶段应该集中精力解决标杆实施的过程和方法问题，而不是追求某些数据指标。

二是分析阶段。分析阶段的主要工作是对数据和信息的收集与分析。企业必须分析为什么被定为标杆的企业发展得更好，它在哪些方面是优秀的，本企业与标杆企业的差距有多大，怎样把标杆企业的成功经验用于本企业的改进等问题。

三是整合阶段。整合是将标杆实施中的新发现在组织内进行沟通，使有关人员了解和接受这些新发现，然后基于新发现建立企业的运作目标和操作目标。这个阶段的工作非常重要，若目标定位不准，将导致后续工作偏离预定目标。

四是行动阶段。确定项目、子项目负责人，具体落实绩效标杆计划和目标，建立一套报告系统，能够对计划和目标进行修改和更新。

五是正常运作阶段。当企业的标杆能成为制订绩效计划、绩效目标的方法时，就进入了正常运作阶段。

虽然罗伯特关于标杆绩效考核的 5 个阶段和安德森的略有不同，但本质上都是通过标杆比照实现持续改善，创造优势，塑造核心竞争力。

第二节 供应链绩效考核框架体系

核心要点

本节介绍了建立供应链绩效考核框架体系的原因、企业战略供应链绩效考核框架以及建立供应链绩效考核框架体系时需要遵循的原则。

实践指导

　　供应链绩效考核框架体系是实施绩效考核的重要方法和工具，是根据企业供应链的特点和市场状态，围绕如何实现供应链战略进行系统设计的策略。要想制定一个科学的、适合企业的供应链绩效考核框架体系，就要以企业战略为基础，并遵循一定的原则，建立一个能够真正发挥作用的绩效框架体系。

为什么要建立供应链绩效考核框架体系

　　企业要想做好供应链绩效考核，就要建立供应链绩效考核框架体系。

　　首先，大部分绩效考核方法之间的联系是相通的，缺少完整的框架体系不便于企业从整体了解供应链绩效考核的方方面面。

　　其次，建立供应链绩效考核框架体系有助于对整体的绩效考核形成系统的认识和了解，更能有条不紊地实现供应链绩效考核，促进企业的发展。

　　最后，科学地制定供应链绩效考核框架体系有助于企业明确供应链发展方向，确定企业供应链发展的关键因素，进而发挥供应链绩效考核的效果。

企业战略供应链绩效考核框架

　　要想建立一个有效的供应链绩效考核框架体系，企业首先要从自身战略出发，根据战略确定供应链绩效考核的体系和重点，通过 ABC 法对供应链流程进行绩效考核，再通过标杆法找到提升的空间，从而达到提高客户价值、提高企业价值和股东价值的目标。

企业战略供应链绩效考核的逻辑框架体系如图 2-9 所示。

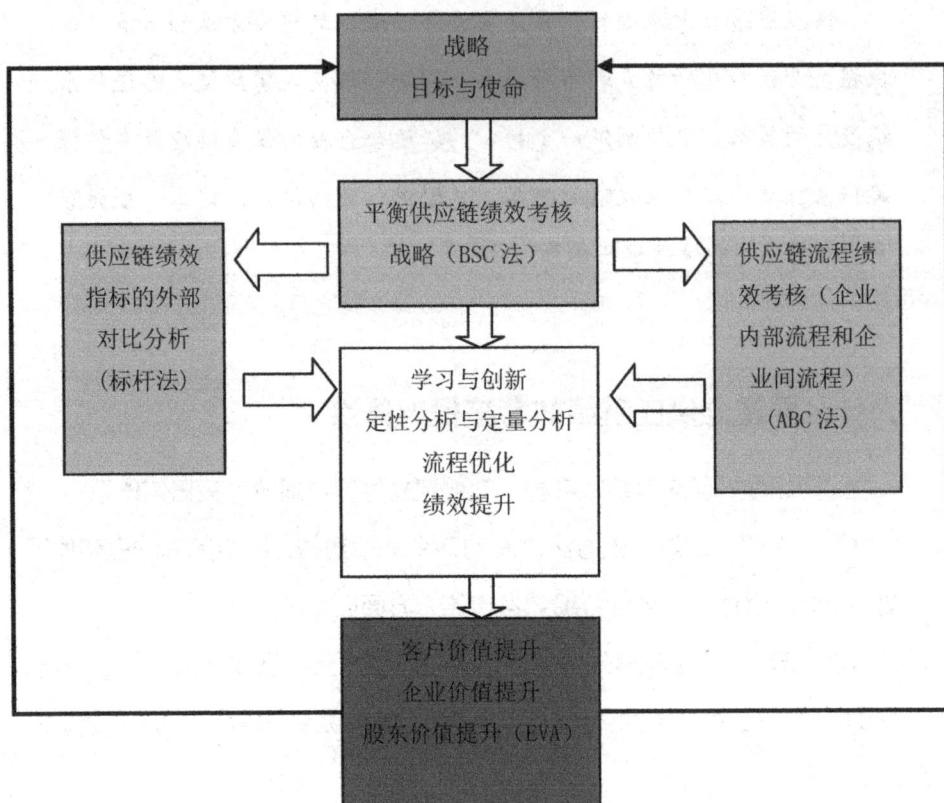

图2-9　企业战略供应链绩效考核框架

从图 2-9 可以看出，企业供应链绩效考核框架并不是单一地使用某一种绩效考核方法，而是综合使用了 ABC、EVA、BSC 和标杆绩效考核方法，根据企业自身战略需求，同时考量内部供应链绩效和企业之间供应链整体绩效，并利用标杆数据进行对比分析，达到提升绩效，提升客户价值、企业价值和股东价值的目的。

建立供应链绩效考核框架体系的原则

企业在建立供应链绩效考核框架体系时要遵循以下几个原则。

一是体现企业供应链的战略。如果供应链框架体系只是一个可以套用的模板，而不是根据企业的实际情况建立起来的，是没有效果的。

二是能对基本的业务流程进行描述，评价结果和绩效驱动相结合。

三是以客观度量为主，结合部分主观度量。以客观度量为主表明绩效考核并不是任意发挥的，而是要遵循客观的、常用的框架。

四是指标多层次，多角度。指标应涵盖供应链整体层、企业整体层、企业流程层，从供应链绩效特性、供应链组织状况和供应链物流状态等不同侧面进行调整。

五是可以动态调整。如果供应链绩效考核框架体系一经完成就无法调整和改变，或者一旦调整就会改变整个框架结构，这不是有效的。良好的考核框架是可以动态调整的，可根据企业的实际发展情况灵活做出调整。

六是指标要合理，便于操作。供应链考核框架体系内的指标要符合企业的实际情况，且便于操作。换句话说，如果指标不符合企业实际情况，也不便于操作，则意味着考核指标并没有实际作用，整个绩效考核框架便会形同虚设。

总之，建立供应链绩效考核框架体系要从企业战略出发，结合企业实际发展情况，同时也要遵循建立框架体系的原则，使得制定出来的框架体系更实用。

第三节　供应链绩效考核模型

核心要点

本节介绍了主要的供应链绩效考核模型，包括 CSCMP 模型、SCOR 模型、GSCF 模型、集成化供应链模型。

实践指导

　　企业在使用供应链绩效考核模型时，需要与企业实际情况相结合，并结合各个绩效考核模型的优势，可充分发挥出模型的价值。

CSCMP模型

　　在第一章第一节中，我们介绍了 CSCMP 对供应链管理的定义。在该定义中，CSCMP 进一步界定了供应链管理的概念边界和关系，认为供应链管理是联系企业内部和企业之间主要功能和基本商业过程并将其转化为有机的、高效的商业模式的管理集成。它包括上述过程中的所有物流活动，也包括生产运作，它驱动企业内部和企业之间的营销、销售、产品设计、财务和信息技术等过程和活动的协调一致。

　　从 CSCMP 对供应链管理的定义我们可以发现，供应链管理是企业内部和企业之间物流活动和商业活动的集成，其中包括企业内部计划、采购、制造、交付、回收等主要环节，每个内部环节又不同程度地与企业外部产生联系。

　　CSCMP 作为物流和供应链领域权威的专业协会之一，提出了"供应链管理流程标准"，我们称之为"CSCMP 模型"。CSCMP 模型在计划、采购、制造、交付和回收这 5 个主要供应链流程的基础上增加了一个执行流程，总共为 6 个部分。每个主要流程都包括很多次级流程，其流程框架结构如图 2-10 所示。

采购

2.1 战略采购
2.2 供应商管理
2.3 采购
2.4 进向物料管理

执行

6.1 战略和领导
6.2 竞争力标杆
6.3 产品/服务创新
6.4 产品/服务数据管理
6.5 流程存在和控制
6.6 测量
6.7 技术
6.8 商务管理
6.9 质量
6.10 安全
6.11 行业标准

回收

5.1 收货和仓储
5.2 运输
5.3 修理和翻新
5.4 沟通
5.5 管理客户预期

制造

3.1 产品工艺
3.2 伙伴关系和合作
3.3 产品或服务定制
3.4 制造流程
3.5 精益制造
3.6 制造基础架构
3.7 支持流程

交付

4.1 订单管理
4.2 仓促/执行
4.3 定制化延迟
4.4 交付设施
4.5 运输
4.6 电子商务交付
4.7 管理客户/客户伙伴关系
4.8 售后技术支持
4.9 客户数据管理

计划

1.1 供应链计划
1.2 供给/需求协调
1.3 库存管理

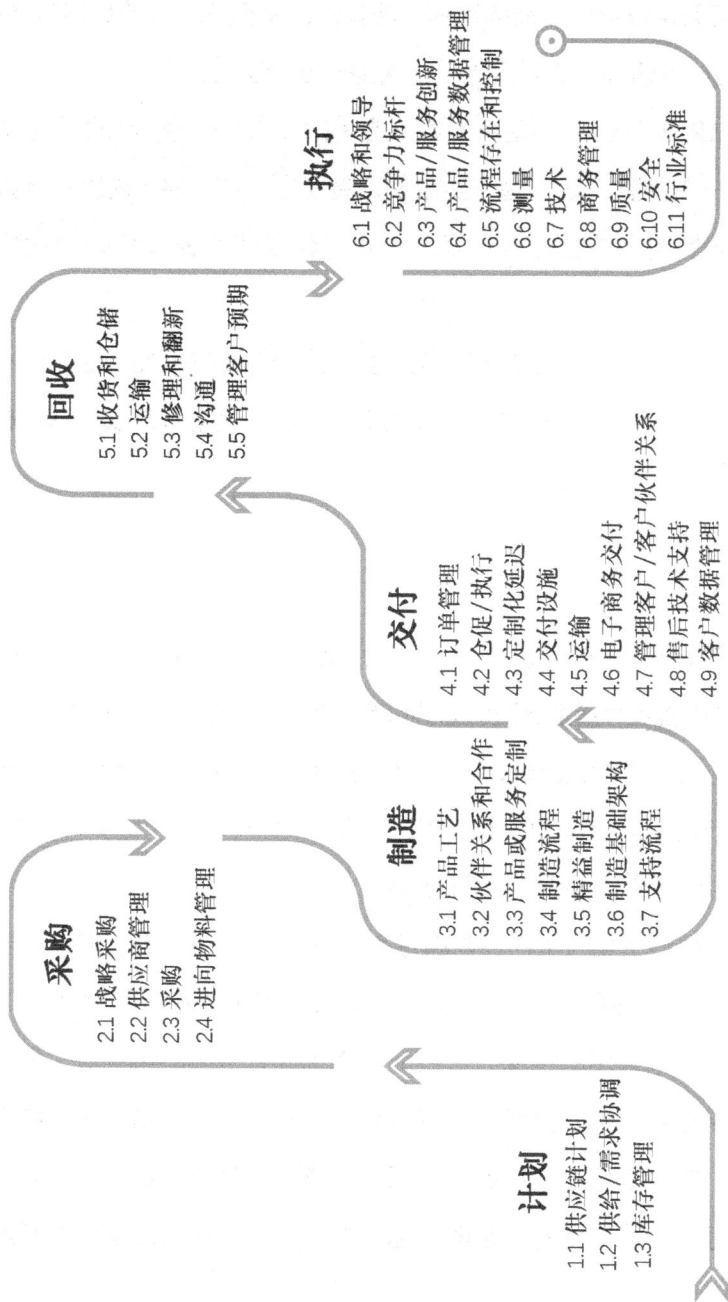

图2-10 CSCMP的供应链管理流程标准结构

供应链绩效考核的思维方法

02

43

从某种程度上说，CSCMP 模型是为尽可能多的行业提供一个通用的参考指南，帮助企业评估目前的流程，助其迅速掌握各环节的最佳实践效果，并结合企业成本情况，找到适合自身发展的最佳运作方式。

CSCMP 认识到，不是所有行业都相同，在一个行业的最佳实践可能在另外一个行业只能作为一般案例。基于此，CSCMP 认为应批判地使用 CSCMP 模型，结合企业自身的战略，判断哪个流程应采用业内的最佳实践。

此外，CSCMP 模型的应用，还需要考虑全球化的问题。应用者在引入国际物流的过程和实践时，在不同的地理范畴，可能需要增加一些本标准没有包括的流程。

SCOR模型

供应链运作参考模型 SCOR（supply-chain operations reference-model）是由绩效考量集团及供应链协会 SCC（Supply Chain Council）通过总结企业和会员的实践建立的一个供应链结构体系，同时也给出了针对不同流程的绩效考核指标。SCOR 模型是第一个标准的供应链流程参考模型，是供应链的诊断工具，涵盖了所有行业。

SCOR 模型主要用于描述与满足客户需求相关的所有阶段的业务活动。模型包括计划、采购、制造、交付、回收 5 个管理流程，如图 2-11 所示。SCOR 模型采用通用的定义方法来描述简单或者复杂的供应链，尝试用这样一个框架体系，将不同类型的行业联系在一起，描述出任一供应链的广度和深度。它可以使企业内部和外部用同样的语言交流供应链问题，客观地评测其性能，确定性能改进的目标，为今后供应链管理软件的开发提供参考。

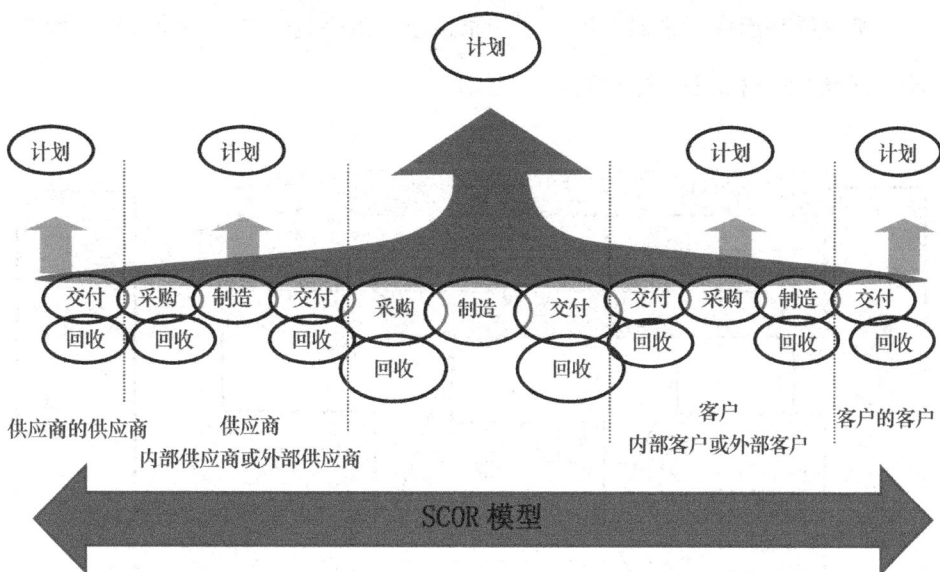

图2-11 SCOR模型

SCOR 模型覆盖了与客户之间的商业活动（从订单输入到发票支付），所有的物料交接（从供应商的供应商到客户的客户，包括设备、供应、零部件、大宗产品、软件等），所有的市场活动（从了解总需求到每个订单的完成）。SCOR 模型不是试图描述所有的商业活动，它没有涉及销售和市场营销（需求创造）、产品开发、研发和售后服务的某些环节。

SCOR 模型经历了一个不断发展的过程。在引入回收流程以后，这个模型延伸到了交付后的客户支持流程（虽然没有包括这个领域的所有活动）。

SCOR 模型可以分为 3 个层次，如图 2-12 所示。

第一层是流程类型，即供应链绩效衡量指标，定义了 SCOR 模型的范围和内容，反映了供应链的性能特征。

第二层是配置层，企业可以选用该层定义中的标准流程单元来构建自己的供应链，每一款产品或产品型号都可以有自己的供应链。企业根据自己特有的供应链配置、实施运营战略。

第三层是流程元素层，定义了一家企业的核心竞争力，企业根据该层的流程元素对运营战略进行微调。

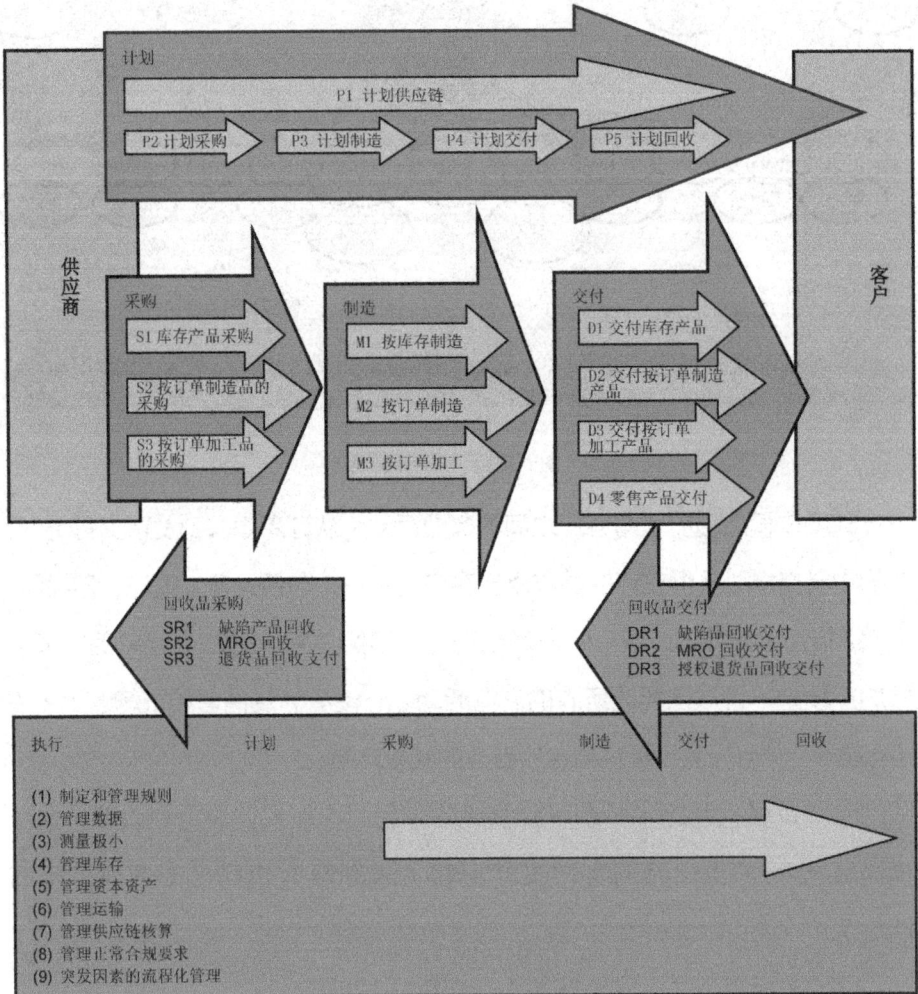

图2-12　SCOR模型的供应链结构

SCOR 模型的设计和发展，目的是支持跨行业的各种复杂的供应链。因此，SCOR 模型给出的三个层次的流程，没有制定特定企业的定制式商业活动或信息流，而是鼓励企业根据自身的实践，建立第四层流程体系。

GSCF模型

道格拉斯·M.兰伯特（Douglas M. Lambert）是美国俄亥俄州立大学运输与物流专业的首席教授，也是战略物流学的奠基人。作为供应链管理的思想领袖之一，他率先提出了"供应链管理不是物流的代名词"的科学论断，一直将供应链管理作为一门全新的学科展示给世人。早在1992年，兰伯特教授在3M公司的一位高管的鼓励下，成立了一家供应链研究中心。该中心在1996年更名为"全球供应链论坛"（GSCF），并提出了GSCF模型。

GSCF模型认为，供应链管理框架包含3个密切相关的基本组成部分：供应链网络结构、供应链管理流程及供应链管理构成单位。其中，供应链网络结构解决的是"哪些是关键的供应链成员，与哪些成员进行流程连接"，供应链管理流程解决的是"哪些流程应该被连接到每一个关键的供应链成员"，供应链管理构成单位解决的是"每个流程连接应该被整合及管理到什么程度"等问题，如图2-13所示。

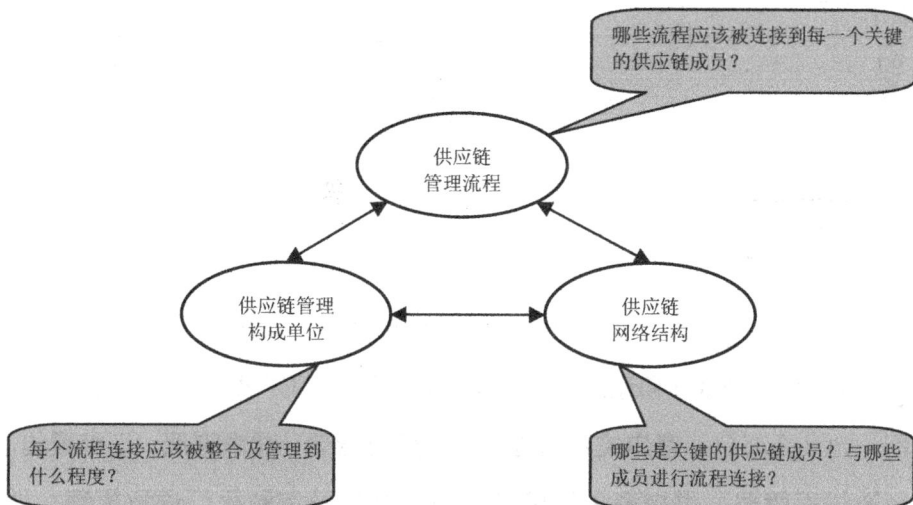

图2-13　供应链管理组成因素及主要决策

GSCF 模型将供应链成员分成核心公司、核心公司供应链的成员公司和核心公司供应链的非成员公司 3 个层次，将供应链流程划分为被管理的流程连接、被监督的流程连接、未被管理的流程连接和非成员流程连接。GSCF模型凸显了在整个供应链过程中整合各个供应链成员企业的功能，而不是管理单一企业的供应链，如图 2-14 所示。

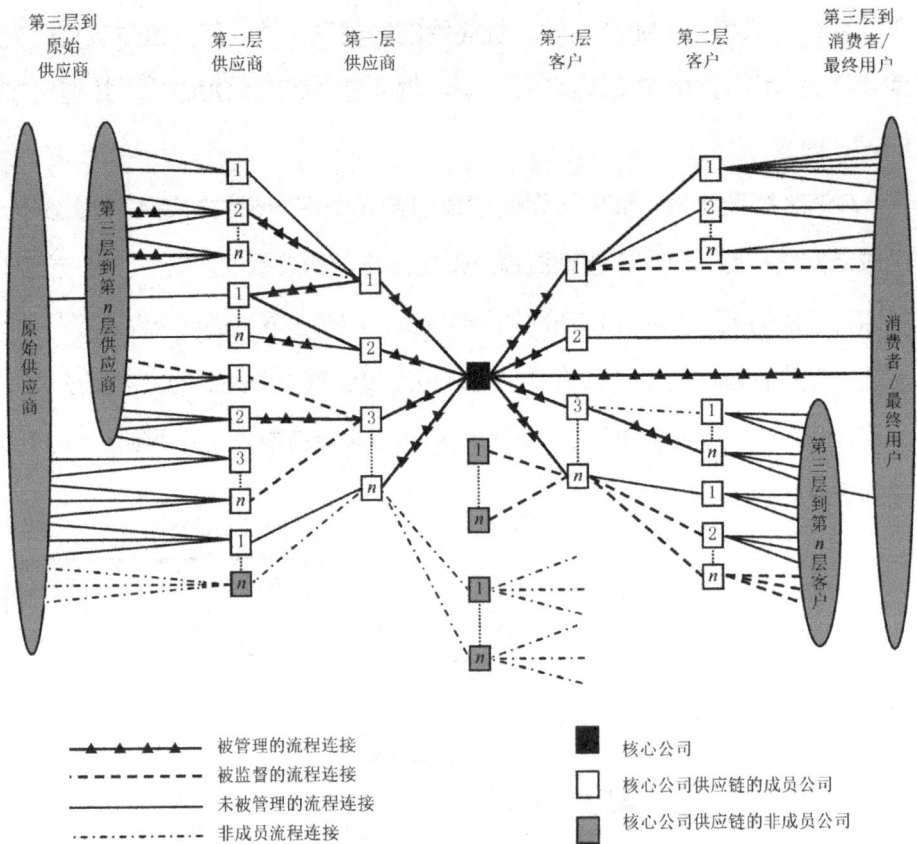

图2-14　供应链连接的种类

在对供应链成员和连接进行分类的基础上，GSCF 模型将供应链管理流程分为 8 个部分：**客户关系管理、客户服务管理、需求管理、订单履约、制造过程管理、供应商关系管理、产品开发及定制化、退货管理**，如图 2-15 所示。

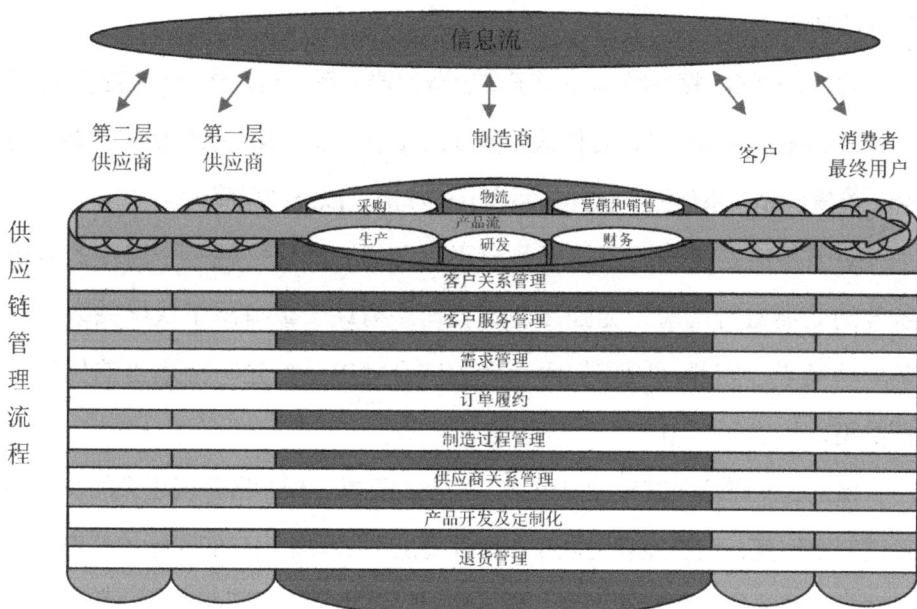

图2-15 在供应链上整合和管理商业流程

（1）客户关系管理流程：提供一个如何与客户建立并保持关系的结构。

（2）客户服务管理流程：提供与客户之间进行接触的重要界面，来监管产品及服务协议。

（3）需求管理流程：提供一个用来平衡客户需求与供应链能力（包括降低需求的流动性及增强供应链的灵活性）的结构。

（4）订单履约流程：包括定义客户需求、设计物流网络及履行客户订单等所有必要的活动。

（5）制造过程管理流程：包括用来获得、实施并管理制造灵活性，使产品走出供应链中制造商大门的所有必要的活动。

（6）供应商关系管理流程：如何与供应商建立并保持关系的流程。

（7）产品开发及定制化流程：提供一个与客户及供应商一道进行产品开发并将产品推向市场的结构。

（8）退货管理流程：包括与退货、逆向物流、退货查验及退货规避相关的一系列活动。

此外，GSCF 模型特别强调了供应链伙伴关系，对合作伙伴模式进行了分析和描述。具体来说，合作伙伴模式由 4 个部分组成：检查伙伴关系的动因、检查伙伴关系促因、伙伴关系组元的核准，以及结果测评。

动因是建立伙伴关系的显著原因，必须在开始接触一个潜在的合作伙伴时就要进行检查。促因是两家公司中有助于或有碍于伙伴关系建立的一些特点。正是动因和促因两者的结合才得以描述一个适当的伙伴关系类型。

组元是从管理角度来看可以加以控制的元素。根据所表现出来的伙伴关系的紧密程度，这些元素可以在不同程度上予以实施。它们实际的实施方式将决定现有的伙伴关系的类型。模式输出的结果是公司所期望的业绩动因的实现程度，如图 2-16 所示。

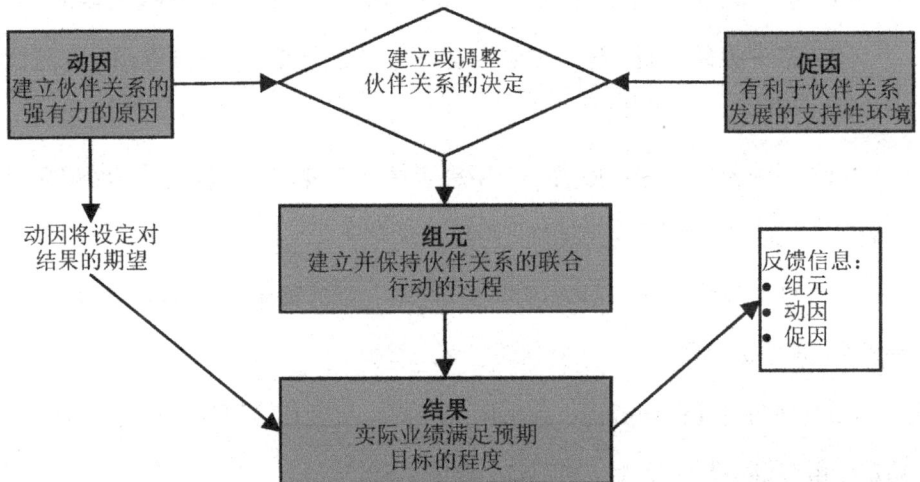

图2-16　合作伙伴模式

合作伙伴模式已经在实施中得到了成功验证，表明它是实施供应链伙伴关系时可以使用的、极具价值的工具。

集成化供应链模型

集成化供应链（integrated supply chain）是指供应链的所有成员单位基于共同的目标而组成的一个"虚拟组织"，组织内的成员通过信息的共享、资金和物质等方面的协调与合作来优化组织目标（整体绩效）。具体来说，集成化供应链管理是指供应链上的节点企业摒弃传统的管理思想和观念，通过信息技术对所有供应链成员的采购、生产、销售、财务等业务进行整合，并将其看作一个整体的功能过程而开发的供应链管理功能。

集成化供应链的意义在于通过合作伙伴间的有效合作与支持，提高整个供应链中物流、信息流和资金流的通畅性和快速响应性，提高价值流的增值性，使所有与企业经营活动相关的人、技术、组织、信息以及其他资源得以有效集成，形成整体竞争优势。

根据集成化思想，中国物流与供应链管理研究所所长马士华等构建了集成化供应链管理的理论模型。在此基础上，同济大学经济与管理学院院长霍佳震对集成化供应链模型进行了进一步的阐述，最终形成的集成化供应链模型如图2-17所示。

集成化供应链模型共分为3个回路。

第一个回路——作业回路：由客户化需求、集成化计划、业务重组、面向对象过程控制组成的控制回路。

第二个回路——策略回路：由客户化策略、信息共享、调整适应性、创造性团队组成的回路。

第三个回路——性能评价回路：作业回路中的每个作业形成各自的作业性能评价与提高回路。

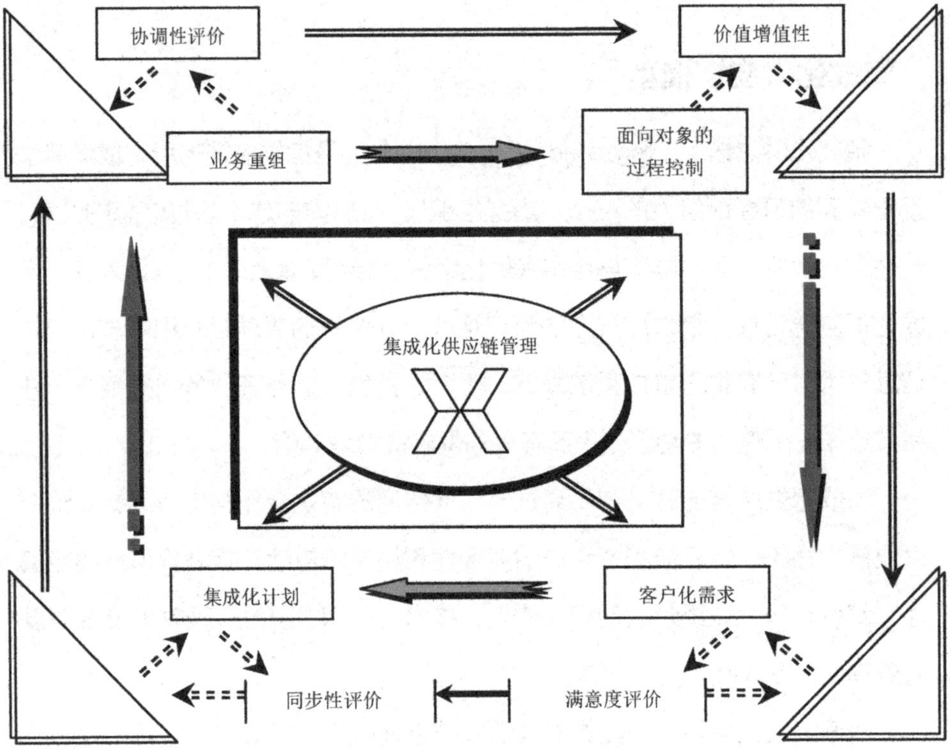

图2-17　集成化供应链模型

供应链管理正是围绕这三个回路展开而形成相互协调的一个整体，供应链上的各企业利益共享、风险共担。

企业战略供应链管理流程结构模型

根据供应链管理的定义，供应链管理是企业内部和企业之间物流活动和商业活动的集成。企业内部的物流活动和商业活动主要集中在计划、采购、制造、交付和回收5个主要流程，而采购与客户服务、计划与回收等流程，是跨企业的商业行为。因此，我们将供应链流程结构划分为企业内部流程、企业之间流程两种基本类型，二者之间相互连接，形成了企业战略供应链流程结构，如图2-18所示。

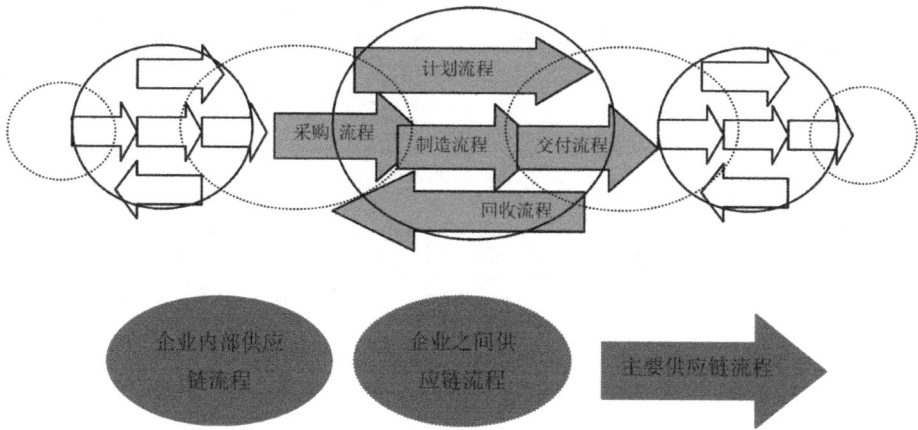

图2-18 企业战略供应链管理流程结构模型

企业内部供应链流程，包括计划、采购、制造、交付、回收 5 个主要流程，每个流程又在不同程度上与上游的客户和下游的供应商连接，各自承担企业间供应链管理流程的角色。

企业战略供应链管理流程的基本结构体现了供应链管理是"企业内部和企业之间"主要物流活动和主要商业活动的集成"的思想。这种分析在现有供应链流程结构的基础上，兼顾企业内部和企业之间的供应链流程与结构，并注重企业之间的供应链关系。

第二篇　实战篇

供应链绩效考核第1步：
战略规划

03

企业战略规划是指依据企业外部环境和企业自身条件的状况及其变化来制定和实施战略，并根据对实施过程与结果的评价和反馈来调整、制定新战略的过程。企业战略规划是供应链绩效考核的基础，缺乏必要的战略规划会使供应链绩效考核如空中花园，不切实际，难以实行。

第一节　正确认识供应链战略

核心要点

　　本节首先从供应链战略的定义和常见的供应链理解误区分析了如何正确认识供应链，然后介绍了如何规划对企业真正有用的供应链战略。

实践指导

　　正确认识供应链战略是做战略规划的基础，企业要明确供应链战略的定义，并规避供应链战略的三个理解误区，了解有关供应链战略的基本内容。

什么是供应链战略

　　伯纳德·拉·隆德（Bernard J. La Londe）在 1994 年提出，供应链战略包括供应链中两个或两个以上的企业达成长期协议，涉及原材料和零部件制造商、生产组装企业、批发商和零售商、运输公司等，将原材料、零部件和产品进行生产制造后送到客户手上。企业之间建立相互信任和承诺的关系，对物流活动进行整合，分享需求和销售信息。

　　在本书，供应链战略就是指从企业战略的高度来对供应链进行全局性规划，包括采购、生产、销售、仓储和运输等一系列活动。供应链战略不同于一般的只需关注企业本身的战略规划，它是对整个供应链（包括各个环节、相关的节点企业等）进行规划，关注的是产品或服务在企业内部和整个供应链中的运作流程所创造的市场价值给企业增加的竞争优势。

供应链战略的理解误区

供应链战略突破了一般战略规划仅仅关注企业本身的局限，通过对整个供应链进行规划，进而实现为企业获取竞争优势的目的。但是不少企业的管理者对供应链战略比较陌生，甚至将供应链管理视作一般的企业战略。具体来说，企业在对供应链战略的认识上，通常存在以下 3 个误区。

一是管理者常把供应链管理与物流管理等同起来。从某种程度上说，供应链绩效管理和供应链绩效考核在我国还是一个比较新的概念，许多企业的管理者对供应链管理和供应链绩效考核的认识和理解还比较浅显。不少管理者常把供应链管理与物流管理等同起来。实际上，物流管理只是供应链管理的一个部分，供应链管理涵盖的范围要广泛得多。

二是供应链战略没有得到足够的重视。不少企业将供应链管理视为一种管理方法，认为供应链管理是一个操作层面上的问题，甚至有种"有也好，没有也罢"的心态，认为供应链管理和绩效考核不过是对企业生产和供应进行优化而已。企业基于这样的心态和想法，使得供应链管理很难真正发展并推广开来，也没有形成一个体系的供应链战略。

三是供应链战略与其他战略不相匹配。供应链战略作为企业的一项职能战略，需要与企业的竞争战略以及其他职能战略密切配合，才能保证供应链管理的成功实施。但是在很多企业中，本来需要密切配合的不同战略之间却是孤立的。在制定供应链以及相关战略的过程中，没有从全局的角度系统地考虑战略制定问题，导致不同战略之间不匹配，因此在实施的过程中难以发挥供应链管理的真正优势。

供应链战略并不是一个宏大的难以言说的神秘概念，当然它也并非一个简单的企业战略的概念，也不能将其与物流管理等同起来。企业要想做好供应链绩效考核、供应链以及长期绩效，就必须做好供应链战略规划，从整个

供应链绩效考核第 1 步：战略规划

供应链的角度对企业内部各业务部门之间以及企业之间的职能进行系统、战略性的协调，并对其进行长远的战略规划。

第二节　供应链战略规划

核心要点

　　本节主要从企业战略和战略目标的角度分析企业在做供应链战略规划时需要关注的重点内容。

实践指导

　　要想做出能真正发挥作用的供应链战略规划，企业需要从宏观和微观同时着手。宏观上要从企业战略出发，以企业战略为基础规划供应链战略，使之与企业实际环境相适应；微观上则应从战略目标开始，逐层确定供应链绩效评价指标体系，即将抽象的宏观战略概念落地为具体可感的操作实践。只有两手抓，才能打造一个完整的供应链战略规划。

以企业战略为基础规划供应链战略

　　企业战略是一个战略体系。在这个战略体系中，有竞争战略、发展战略，技术开发战略、市场营销战略、信息化战略、人才战略，还有其他战略。企业在实行供应链绩效考核时，应体现其与竞争战略的一致性。

　　"竞争战略之父"迈克尔·波特（Michael E. Porter）将竞争战略分成总成本领先战略、差异化战略和集中化战略。第一种战略就是努力降低成本，通过低成本降低商品价格，维持竞争优势。要做到成本领先，就必须在管理方面对成本进行严格控制，尽可能将降低费用的指标落实到具体人头，处于低成本地位的公司可以获得高于产业平均水平的利润。第二种战略是公司提供的产品或服务别具一格，或功能多，或款式新，或更加美观，以差异化在行业竞争中取胜。第三种战略则是主攻某个特定的客户群、某产品系列的一个细分区段或某一个地区市场。

对企业来说，要想以企业战略为基础规划供应链战略，企业要将自己的竞争战略与供应链绩效考核联系起来，把这些绩效指标视为特定细分业务与市场的成长、加速产品开发及产品即时供货等业务目标的驱动力，使供应链能有效协调企业各个关键业务目标，从而打造企业竞争优势。

首先，企业的供应链战略必须和企业竞争战略相匹配。 从企业竞争战略的角度来说，企业供应链战略可以分成有效性供应链战略和反应性供应链战略。其中，有效性供应链战略需要与低成本竞争战略相匹配，而反应性供应链战略需要与差异化或目标集聚的竞争战略相匹配。

其次，供应链战略作为一种职能战略，需要与新产品开发战略以及市场营销等其他职能战略相匹配。 以新产品开发战略和市场营销战略为例，对反应性供应链战略来说，新产品开发和营销战略需要围绕提高反应能力来设计。在新产品开发战略中，企业则需要将客户和供应商纳入进来，邀请客户和供应商及时参与新产品的设计和开发，提高企业的反应能力。尤其新时期下的供应链不再仅仅专注于供应端，而是以客户需求为重心，驱动供应的需求链，有效的市场营销战略要求企业建立足够的零售网络、避免缺货、与客户进行良好的沟通、开展有效的广告和促销活动。在互联网和短视频的发展趋势下，这点显得尤为重要。

在以企业战略为基础规划供应链战略时，企业还需要关注3点：企业的核心竞争力、业务外包、战略合作伙伴关系。

核心竞争力是企业供应链战略规划、实施的基础和前提。企业在进行供应链管理时，必须了解自己的核心竞争力，并以此为基础来规划和构建供应链，在实施过程中应集中有限资源不断培育核心竞争力，以此形成企业的竞争优势。

业务外包是指企业整合外部优秀的专业化资源，从而达到降低成本、提高效率、充分发挥自身核心竞争力和增强企业对环境的应变能力的一种管理模式，它是供应链战略实现的有效途径，即通过业务外包减少长期资本投资、合理利用资源以及有效平衡企业的关键能力，最终实现提高企业竞争优势的战略目的。

战略合作伙伴关系是供应链战略成功实施的保证。供应链战略突破了传统战略规划仅关注企业内部的局限，实现整个供应链价值最大化，这必然要求供应链各节点企业之间加强紧密连接和合作，以及相互之间在设计、生产、竞争策略等方面进行良好的协调，建立战略合作伙伴关系。只有建立并不断培育战略合作伙伴关系，才能更快更好地实现供应链战略的目标。

尤其在企业已经实现了内部流程与外部流程的一体化后，企业的战略便是与合作伙伴专注于客户服务、核心能力及创造价值，关注跨企业供应链绩效，因此供应链绩效考核体系应同时考核企业内部的流程、跨企业流程及指定外部流程的绩效。

综上所述，企业进行供应链战略规划时，需要通过全面规划相关战略，以实现供应链战略、企业基本竞争战略以及其他职能战略之间的协调一致。在关注企业战略的同时，也要关注企业的核心竞争力、业务外包、战略合作伙伴关系等。只有综合考量，才能真正践行以企业战略为基础规划供应链战略。

从战略目标开始，逐层确定供应链绩效评价指标体系

供应链战略规划除了确定战略目标，还有一项最重要的工作就是确定供

应链绩效评价指标体系。

我们以一个以成本、创新和按库存生产作为竞争优势的企业为例，分析如何确定供应链绩效评价指标体系。

A 公司是一家知名的个人计算机外围设备制造公司，为了快速满足订单需求，公司建立了专注于低成本、持续创新和按库存生产的竞争战略。公司期望每个业务单元都尽可能以最低单位成本制造外围设备，在接到客户订单后的两三天内就能发运，并定期追踪产品成本、交货绩效及订单完成率等供应链绩效评价指标。A 公司采取成本竞争战略，虽然其主要业务在北美和欧洲市场，但是它选择在劳动力成本较低的地区选址建厂，并与货运公司签订了长期合同，利用海运将外围设备运送到各地的配送中心。因为两地相隔遥远，所以外围设备需要长达 5 周的时间才能送达各地的配送中心，从而使快速满足订单需求的战略目标和维持客户服务水平变成了公司面临的一大挑战。

为了解决这个问题，A 公司依赖供应链内部的柔性，并利用其中一项重要的柔性杠杆——以空运取代海运。但是这一行为让运输成本几乎翻了两番，而且把外围设备空运到各地的配送中心后，还需要依据各地的实际需求重做调整，这也进一步增加了成本。

不过，A 公司的产品主管并未意识到这些附加成本的问题，因为空运成本与调整成本属于运营职能部门所承担的费用，并不影响产品成本的绩效评价。

然而，附加成本的大增使得管理供应链的总成本剧增。为了解决这一问题，管理团队开始每个季度定期评估整个供应链管理总成本，并对供应链管理总成本的构成要素（包括订单管理、物料获取、库存持有及计划等相关成本）进行逐项审计核实，而不是仅评估产品销售成本，如表 3-1 所示。

表3-1　供应链管理总成本的构成要素

项目	具体明细
需求/供给计划成本	与预测、研发制成品、中间环节、装配品或最终产品库存计划以及协调需求/供给相关的成本
订单管理成本	• 新产品发布、导入与维护 • 客户订单创建 • 订单输入与维护 • 合同/计划与渠道管理 • 安装计划 • 订单履行 • 配送运输、出口货物和关税 • 安装 • 开票/会计
物料获取成本	• 物料/产品管理和计划 • 供应商质量设计 • 进口货物和关税 • 收货与物料储存 • 验货 • 物料工艺与组件设计 • 物料加工
库存持有和管理成本	• 机会成本 • 损坏成本 • 保险和税费 • 库存总废弃成本,包括原材料、在制品和产成品渠道废弃成本、现场服务备件废弃成本
供应链财务成本	与支付发票、审计理货、库存盘点、催收应收款相关的成本。不包括客户开发票/结算的成本(见订单管理成本)
管理信息系统成本	与供应链流程相关的IT成本: • 计划流程 产品数据管理:产品引入/退出及投放;产品引入后的支持和扩张;测试和评估;生命周期截止的库存管理,物料总清单的定义与控制 预测和需求/供给管理、制成品预测:最终产品的库存计划,配送需求计划DRP(distribution requirements planning),对所有产品和渠道的生产主计划排程 • 采购流程 采购/原料获取:物料需求,采购,供应商质量工程,内向货运管理,收货,检验,组件加工;获取工具,应付账款 零部件和供应商管理:部件编号交叉检索,供应商分类,批准的供应商清单

项目	具体明细
管理信息系统成本	库存管理：永续和物流库存控制和工具 ● 制造流程 制造计划：物资需求计划MRP（material requirement planning），生产排程，追踪，制造工程，制造单证管理，库存/异常跟踪 库存管理：永续和物流库存控制和工具 制造执行：制造执行系统MES（manufacturing execution system），详细的和有限间隔计划，流程控制，机械计划 ● 交付流程 订单管理：订单输入、维护，报价，客户数据库，产品/价格数据库，应收账款，贷款和收款，开发票 分销和运输管理：DRP，发货，运费管理，交通管理 库存管理：永续和物流库存控制和工具 仓储管理：成品、收货和储存，分拣和包装 渠道管理：促销，定价和折扣，客户满意度调查 现场备件/支持：现场服务，客户与现场支持，技术服务，服务/呼叫管理，退货，保修跟踪 ● 外部电子界面 计划/采购/制造/交付：界面，通道，数据备份，与外界供应链相关信息的交换 电子商务活动：包括研发和实施成本

由于 A 公司的产品主管预测不准确，导致了随之而来因加急运输等而产生的庞大费用。这正是 A 公司改进预测流程重要提案的催化剂，而 A 公司也因为这一提案的实施，大大提高了公司的预测准确率，并降低了运用供应链柔性杠杆来弥补供货计划差错的依赖。另外，A 公司同时也专注于新的总成本绩效指标——供应链管理总成本，更能从整体上系统地把握问题，从而解决问题。

从 A 公司的案例可以看出，按照企业战略制定综合的绩效考核体系是更为有效的方式。进一步说，从企业的战略目标开始，自上而下逐层确定支持战略目标的供应链绩效评价指标体系，才能服务于企业的竞争战略，为企业省去很多后续麻烦和成本。

03

供应链绩效考核第 1 步：战略规划

供应链绩效考核第2步：
选择模型

04

合适的供应链绩效考核模型不仅可以正确且全面地反映出供应链管理的实际情况，还能让企业更快地进入绩效考核的状态，对真正的供应链绩效考核起到改善作用。

第一节　APQC模型的绩效考核方法及关键流程指标

核心要点

　　本节主要介绍了 APQC 模型和 PCF 流程分类框架、APQC 模型流程分级和企业使用 APQC 模型时需要注意的事项。

实践指导

　　企业要想使用 APQC 模型进行考核，首先，要厘清 APQC 模型和 PCF 流程分类框架的内涵和价值；其次，应使用 APQC 模型流程分级梳理和归纳业务流程，直观立体地思考各条目之间的关系；最后，企业也要注意 APQC 模型的一些事项。

APQC模型和PCF流程分类框架

　　美国生产力与质量中心 APQC（american productivity and quality center）创立于 1977 年，是一个以会员为基础的非营利机构，致力于各种改善手法的研究开发，确定产业标杆与最佳实务，并及时向会员组织发布新知识、训练课程以及关键成功工具。简言之，APQC 是一个服务于全世界的企业、教育和政府等组织的非营利机构，同时也是绩效考核、知识管理、评估与质量计划方面的领导者。

　　在 20 世纪 90 年代初期，APQC 开始建立开放式的第三方的绩效考核调查与评估体系，目的在于创建、引导与推动开放式的通用流程框架，以及相关的业绩衡量方法与绩效标杆数据，由产业界制定，并用于产业界。基于这个目的，APQC 和来自全世界的 80 多个组织通过整理全美各行业的业务，梳理了适用于各行业的流程清单模板，在 1992 年创立了流程分类框架 PCF（process classification framework）。

PCF 是首个用于评估业绩、改善流程绩效的开放式标准框架，是跨职能业务流程的分类法，可对组织内部和组织之间的绩效进行客观的比较。PCF 由 12 类业务流程构成：5 类是运营流程，7 类为管理及支持流程。每个类别包括几组流程和活动，它们作为一个整体，代表组织的更高层次绩效的运作，如图 4-1 所示。

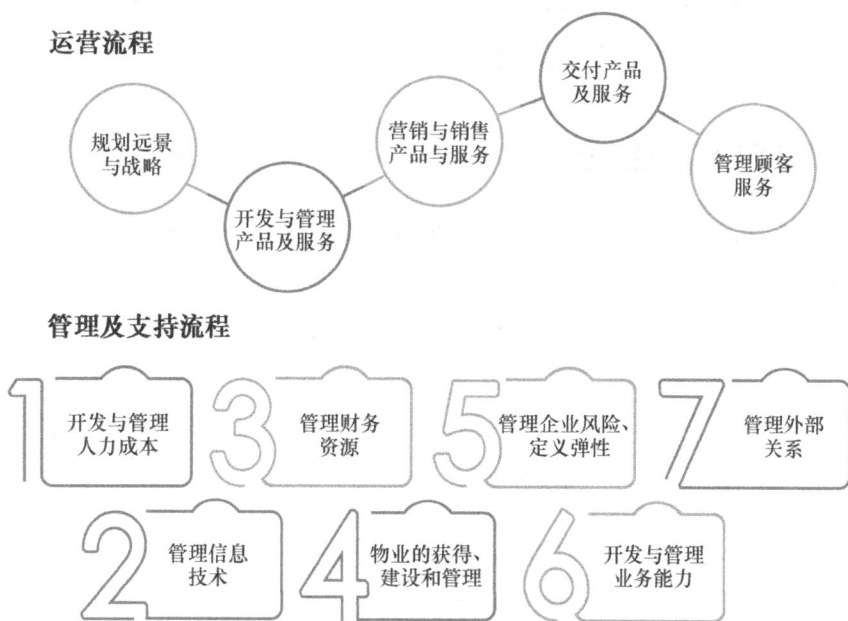

运营流程

规划远景与战略

开发与管理产品及服务

营销与销售产品与服务

交付产品及服务

管理顾客服务

管理及支持流程

1 开发与管理人力成本

2 管理信息技术

3 管理财务资源

4 物业的获得、建设和管理

5 管理企业风险、定义弹性

6 开发与管理业务能力

7 管理外部关系

图4-1 PCF的流程分类框架

作为一种开放的标准，PCF 能通过流程管理和基准测试来促进流程的改善，无论行业、规模或地理位置。具体来说，PCF 有以下几个优势。

一是帮助企业高层管理人员从流程角度通览企业，从水平流程视角来理解各项业务和管理，而不是垂直职能视角。

二是从参考版本出发，通过比照，企业可以在此基础上进行增减，从而快速形成一份自己的"流程花名册"。

三是作为一种泛行业的企业模型，PCF 允许各类机构以全球机构为背景，从跨行业的流程视点与基准测试程序的角度来观察本机构的活动，从而采取最佳做法。

四是 PCF 允许企业从横向的、跨行业的流程的角度，理解企业的内部运作，而不是采用纵向的功能式的方法。

PCF 所应用的关键领域包括供应链、财务管理、信息技术、客户服务、市场营销与销售效率等。如果企业选择 APQC 模型进行考核，可以借助 PCF 了解企业在运营流程、管理及支持流程需要做好哪些工作。

APQC模型流程分级

为了更好地了解和应用 APQC 模型，我们介绍一下 APQC 流程分级，如图 4-2 所示。

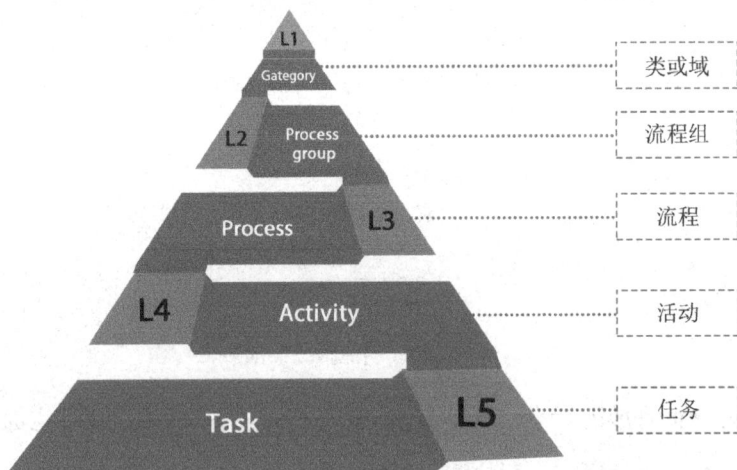

图4-2　APQC流程分级示意图

第一级：类或域（Gategory），是企业流程中的最高级别，例如管理客户服务、管理供应链、管理财务资源、管理人力资源等。

第二级：流程组（Process group），是企业第一级（类或域）的下一级流程，代表一群流程，例如售后维修、采购、应付款管理、招聘等。

第三级：流程（Process），是一系列将输入转化为输出的相互关联的活动，例如流程消耗资源并且需要制定可重复执行的标准，流程需要遵从一个面向质量、速度、成本绩效要求的控制系统等。

第四级：活动（Activity），是执行流程要完成的关键事项，例如接收客户请求，处理客户抱怨，采购合同洽谈等。

第五级：任务（Task），是活动的下一级流程，通常颗粒度更细，不同的行业差异会较大，例如创建业务计划、获得资助、设计识别与奖励方法等。

企业可通过 APQC 流程分级更好地梳理和归纳业务流程，把业务主线如图书目录般呈现出来，进而更直观立体地思考各条目之间的关系。

另外，APQC 的标准化流程评估与基准测试程序综合数据库使用前后一致的通用流程与评估方法，从各参与机构中采集业绩数据，以准确地在行业内与行业间比较业绩水平。我们预计全球标准化基准调查评估方法的发展能够提高业绩改进的透明度，提高各类机构的生产率、质量与创新水平。

使用综合数据库的各类机构秘密地输入定量与定性业绩数据，这些数据基于约 1000 种通用评估与基准测试标准，能够记录企业的业绩表现。APQC 负责验证数据的准确性，参与机构能够查看其他参与机构的隐藏数据与综合数据，从而比较业绩，了解最佳做法，找到本企业的不足之处。

需要强调的是，企业在使用 APQC 供应链绩效考核模型时，要注意以下3 点。

一是选择正确的、最新的版本。因为 APQC 流程清单一直在动态调整、持续优化之中，借鉴时要选择正确的、最新的版本。

二是 APQC 既有不分行业的通用版，也有细分的行业版，企业应优先考虑对标 APQC 相应行业版流程架构。

三是 APQC 通用版架构由于通用，所以流程清单相对全面并具有共性，非常适合企业用来查漏补缺，确保流程规划的完整性。

综上，使用 APQC 模型进行供应链绩效考核的企业既需要关注该模型的优胜之处，也要关注它的注意事项，综合考察后才能做得最佳。

第二节　CSCMP模型的绩效考核方法及关键流程指标

核心要点

本节介绍了 CSCMP 模型的供应链结构和 CSCMP 模型的绩效考核方法。

实践指导

对选择 CSCMP 模型进行供应链绩效考核的企业来说，重要的是了解两个内容：一是了解 CSCMP 模型的供应链结构及其内容；二是了解 CSCMP 模型绩效考核方法，包括它的 5 分制及记分卡。

CSCMP模型的供应链结构

CSCMP 模型提出了计划、采购、制造、交付、回收、执行等 6 个部分的供应链结构，定义了每个流程的标准属性，给出了建议最佳实践流程。我们以计划部分的供应链结构为例展示 CSCMP 模型的供应链结构，如图 4-3 所示。

		建议最低流程标准（部分）	建议最佳实践流程（部分）
1.0 计划			
1.1供应链计划			
1.1.1	需求预测流程	预测流程管理，分配明确的责任；利用强大的市场情报（不仅是简单的出货数据）来进行长期的操作预测；……	具有一个正规和结构健全的流程，从不同的来源收集市场情报；建立一个从客户到供应商的需求管理流程（主要元素：市场评估、产品计划和生产、计划调整周期、每月或每周预测管理、推广计划、定价优化、生命周期和/或季节性计划、短期调整或订单调整）；……
1.1.2	预测方法论	利用简单流程修改历史需求；基于相关职员、客户和供应商提供的月报，更新市场情报；……	确定预测日历并严格遵守；对特定市场、产品、客户周期等的评估技巧、方法和算式；统计分析与市场情报相结合以预测趋势；……
1.1.3	销售和运营计划	销售与运作计划将分离的市场、销售动作和财务功能整合成一个整体；每月召开例会，研究企业绩效问题，将企业战略与操作能力连接起来；……	每周例会将企业战略与详细的实施和能力的安排联系起来，包括市场预测变化评估、进出和即时库存以及商品供应线；根据资源提出要求；……
1.1.4	财务绩效计划	市场要求（如市场占有率）要经过财务可行性分析；在所有职能部门范围内，管理层明白财务的要求和承诺；……	利用预测计算所有直接和间接成本详细的计划；在财务预算和销售与运作计划之间保持一致；财务小组包括在跨功能小组之中"签署"预测的商业要求；……
1.1.5	市场预测	结合潜在新客户的需要，进行结构化的市场调查；市场调查研究包括规划的新产品（包括竞争者的产品）	进行预测时，考虑下游伙伴的市场情报；市场预测技术包含市场趋势、周期性市场分析、全球市场的供应链能力数据等；……
1.1.6	再订购执行	对简单计划系统的再订购，有适当的控制技术进行有效支持；MRP系统要求是最短提前期、客户订单和预测计划期	由客户补货的"拉动"信号代替"推动"技术；预测的客户订单由实际客户订单"消费"，差额的部分进行补货程序，并使补货周期最短；……

图4-3 CSCMP模型计划部分的供应链结构

		建议最低流程标准（部分）	建议最佳实践流程（部分）
1.1.7	回收计划	根据先前产品的知识和客户的动向制订回收计划； 考虑产品生命周期和支持（维修）要求	需求计划系统预测回收和可再使用元件的产出； 与回收外包服务供应商制订协作计划； ……
1.2供给/需求协同			
1.2.1	控制技术	利用定期评估的准确控制技术反映需求模式和可供能力的变化； 合理化、优化交付、提前期和库存	贯穿供应链，采用协同的"拉动"式控制技术，使成本和生产提前期最小； 在供应链成员之间实时交换供应链信息； ……
1.2.2	需求管理 （制造）	采用主动的需求管理，平衡高水准的客户服务和高效率生产，并使库存成本最小； 采用柔性制造，迅速进行调整，满足需求方的极端要求； ……	通过影响需求，建立限制需求快速变化的可按驱动手段； 与渠道伙伴和客户一起采用记录或其他技术清除无效产品； 根据产品的数量和变化率，对产品进行分类和管理； ……
1.2.3	需求管理 （分销）	采用主动的需求管理，平衡高水准的客户服务和库存效率； 利用第三方物流或者其他外包仓库空间应付周期性高峰期储存需求	采用主动的需求管理，平衡客户服务水平和存储效率，并使库存成本降至最低； 供应商可以在线看到他们的产品需求和库存情况； ……
1.2.4	需求沟通	根据实际需求对冲和调整需求预测，并用于驱动操作； 根据实际需求的变动情况，每星期或每天更新生产/分配计划表和人员	通过所有供应链元素的沟通，使需求实时可视； 事件管理和警示通知发出供应/需求不平衡的信号； ……
1.3库存管理			
1.3.1	库存计划	根据计划和缓冲分析技术设定库存水平，并针对预测经常进行评估； 库存水平基于客户服务要求确定（如采用ABC分类管理和设定统计安全库存，而不是名义上的每周供应）； ……	库存缓冲管理成为在供应链中集成优化库存的一部分； 目标库存水平根据客户和产品的帕累托分析调整； 为采取适当行动，把全部库存100%分类（活动的/可用的/过多的/过时的）； ……

图4-3 CSCMP模型计划部分的供应链结构（续）

		建议最低流程标准（部分）	建议最佳实践流程（部分）
1.3.2	库存精确度	记录系统明确库存位置； 以最小参数循环盘点： "A" SKU（高量）每周盘点， "B" SKU（中量）每月盘点， "C" SKU（低量）每季度盘点； 分拣错误导致的每日盘点	完全运行循环盘点，为防错工作组提供信息，消除年度实物盘存的需要； 系统根据SKU的数量的帕累托分析决定循环盘点的频率； 所有SKU的盘点都使用ASQL抽样标准； ……

图4-3 CSCMP模型计划部分的供应链结构（续）

CSCMP 模型的流程标准主要针对制造业企业的专业人士设计，用于评估企业的现行流程，从而找到与"标准"的差距以及对核心流程的改进方向。

企业可以参考 CSCMP 模型 6 个部分的供应链结构对企业的供应链进行考核，了解计划、采购、制造、交付、回收和执行各个部分的流程标准和实践流程，并以此为基础搭建本企业的供应链结构。

CSCMP模型的绩效考核方法

CSCMP 模型的价值在于企业可以根据流程标准属性的描述，对比企业自身的实践，进行对比打分，按照 5 分制进行绩效考核。

5 分 = 达到最佳实践；

4 分 = 介于最低流程标准和最佳实践之间；

3 分 = 达到最低流程标准；

2 分 = 部分满足最低流程标准；

1 分 = 完全没有达到流程标准。

我们以计划流程记分卡为例来说明如何使用 CSCMP 模型对企业的供应链流程进行绩效考核，如图 4-4 所示。

		1 低于最低标准	2	3 满足标准	4	5 最佳实践
1.0 计划						
1.1 供应链计划						
1.1.1	需求预测流程					
1.1.2	预测方法论					
1.1.3	销售和运营计划					
1.1.4	财务绩效计划					
1.1.5	市场预测					
1.1.6	再订购执行					
1.1.7	回收计划					
1.2 供给/需求协同						
1.2.1	控制技术					
1.2.2	需求管理（制造）					
1.2.3	需求管理（分销）					
1.2.4	需求沟通					
1.3 库存管理						
1.3.1	库存计划					
1.3.2	库存精确度					

图4-4　计划流程记分卡

企业可以根据图 4-4 给出的考核标准和数值判断企业当前是低于最低标准、满足标准还是处于最佳实践中。

第三节　SCOR模型的绩效考核方法及关键流程指标

核心要点

　　本节主要介绍了 PRTM 和 SCOR 模型的关系以及 SCOR 模型的关键绩效指标。

实践指导

　　SCOR 模型是企业在进行供应链绩效考核时常用的模型之一，企业要想使用好 SCOR 模型，就要了解 SCOR 模型的关键绩效指标有哪些，它们的分解指标有哪些；了解本企业的指标是否达到市场一级指标的范围，进而有效地掌握供应链运行的实际情况。

● PRTM和SCOR模型的关系

　　PRTM（Pittiglio Rabin Todd & McGrath）是世界著名的管理咨询公司，成立于 1976 年，早期主要专注于与新兴的高科技行业合作，通过将流程管理、制造资源计划 MRPII（manufacturing resources planning）等方式有机结合来解决企业管理问题。1995 年，随着 ERP（enterprise resource planning）系统的发展和应用，企业发现缺少合理的方法来评价 ERP 系统的功能价值，为了更好地帮助企业实施有效的供应链，实现从智能管理到流程管理的转变，PRTM 公司与 AMR 公司合作成立了供应链协会，并开发了供应链运作模型——SCOR 模型。后来，绩效考量集团 PMG（performance measurement group）及其母公司 PRTM 公司以 SCOR 模型为基础，建立了供应链绩效记分卡。可以说，PRTM 是 SCOR 模型的主要起草人。另外，PRTM 也改变了企业的经营方式，为客户创造了竞争优势，成为经营战略、供应链、产品开发以及客户管理方面的领导者。

SCOR模型的关键绩效指标

对企业来说，一个好的绩效考核中的关键指标是能够给被量化、被容易理解的，能够让参与者产生信任感，这些在 SCOR 模型中都能得到体现。

PMG 的供应链绩效记分卡采用了以下主要绩效指标，如表 4-1 所示。

表4-1　供应链绩效记分卡主要绩效指标

主要绩效指标	分解指标
交付绩效	按客户要求计划好的订单数
	按照日期的交付绩效
	按照承诺日期的交付绩效
完美订单执行	完美订单执行率（占总订单数的百分比）
从库存发货的订单完成率	按订单的完成率
	按产品线的完成率
订单完成前置期	从客户授权到订单接收的时间
	从订单接收到订单输入的时间
	从订单输入到开始制造的时间
	从订单制造完成到客户接收订单货物的时间
	从客户接收订单货物到安装完成的时间
	总订单完成前置期
上游生产灵活性指标	上游生产灵活性：主要的约束
	主要部件和材料的可供性
	直接劳动力的可供性
	内部制造能力
供应链反应时间	预测周期时间
	再计划周期时间（销售和运作计划（S&OP））
	制造转换再计划时间
	总采购前置期
	从放行到装货时间

主要绩效指标	分解指标
总供应链管理成本	订单管理成本
	材料获取成本
	库存持有成本
	供应链相关IT成本
	总供应链管理成本
现金周期时间	销售应收款天数
	生产原料平均支付周期
	供应总库存天数
	供应库存天数（原材料、在制品、制成品）
	库存周转次数
	现金循环周期
预测准确度	产品单位预测准确度
	货币金额预测准确度
财务指标	售货成本（COGS）按收入的百分比
	COGS年度变化
	盈利性（EBIT）占收入的百分比
	支出（SG&A）占收入的百分比
	销售增长（1年）
	净资产周转次数
价值增值的产出率	按员工的价值增值的产出率
	按工资的价值增值的产出率

SCOR 模型的总体供应链绩效考核指标，是根据内部和外部标准，通过测量综合供应链的实际绩效，进而建立和实施一系列动作，最终达到目标的绩效水平。SCOR 的供应链流程绩效指标包括成本、交付的可靠性、周期时间、反应性和资产。

具体来说，SCOR 模型的绩效衡量指标有 5 个方面的绩效属性：供应链可靠度、供应链反应度、供应链灵活性、供应链总成本和供应链资产管理。每一个方面都反映了供应链的一个典型的绩效属性，每一个绩效属性都有特定的含义并关联一级指标，如表 4-2 所示。

04

供应链绩效考核第 2 步：选择模型

表4-2　SCOR的绩效属性和相关一级指标

绩效属性	绩效属性定义	一级指标
供应链可靠度	供应链提供如下内容的绩效：将正确的产品，在正确的时间，以正确的状态和包装，正确的质量，正确的单证，送达正确的客户	配送性能
		完成率
		完好订单的履行
供应链反应度	供应链将产品提供给客户的速度	完美订单完成率
供应链灵活性	供应链通过对市场变化获得收益或维持现状的灵敏度以获得比较优势	供应链响应时间
		生产的柔性
供应链总成本	与供应链运营相关的成本	产品生产成本
		供应链管理总成本
		增值生产力
		担保成本
供应链资产管理	一个组织通过管理资产来支持满足需求的效率，包括管理固定资产和流动资本	现金周期时间
		供应链固定资产回报
		流动资本回报

SCOR 模型包括了 200 多个流程绩效衡量指标，表 4-2 中的一级指标都是由下一层指标汇总计算得来，所以一级指标还可以进行逐层分解，分解到每一项具体计划、执行流程和支持元素单元。

在运用 SCOR 模型实施供应链绩效考核时，企业要关注每一个绩效属性以及指标是什么，并了解自己在一级指标上实现的程度如何，例如在供应链可靠性上，企业的配送性能是否完善，完成率如何，完好订单的履行率如何等。具体来说，企业可以从交付绩效、完美订单执行、从库存发货的订单完成率、订单完成前置期、上游生产灵活性指标、供应链反应时间、总供应链管理成本、现金周期时间、预测准确度、财务指标、价值增值的产出率等绩效指标进行考核。同时，企业可通过计算一级指标衡量自己的组织运营是否达到了所设定的市场竞争目标。

对企业来说，如果选择 SCOR 模型作为供应链绩效考核的方法，可以有效地掌握供应链运行的实际情况，通过对指标的适时分析与评价，能更为有效地反映供应链的实时运营，这比事后分析更有价值。

总之，SCOR 模型是第一个标准的供应链流程参考模型，是供应链的诊断工具，并且覆盖了所有行业。SCOR 模型使企业间能够准确且无障碍地交流供应链问题，客观地评价不同环节的供应链所承担的性能，为进一步改进目标奠定了基础。

第四节 GSCF模型的绩效考核方法及关键流程指标

核心要点

本节介绍了 GSCF 模型 8 大流程的考核指标，以及 GSCF 模型的流程评估。

实践指导

企业在使用 GSCF 模型实施供应链绩效考核时，首先要了解 GSCF 模型的每一个流程的运营子流程内容，并依据 GSCF 模型的流程评估表对企业的考核指标进行评分，了解企业供应链运行的实际情况。

GSCF模型8大流程的考量指标

GSCF 模型按照客户关系管理、客户服务管理、需求管理、订单完成、制造过程管理、供应商关系管理、产品开发和定制化、回收管理 8 大流程给出了定性评估的绩效考核框架，同时给出了每一个流程的运营子流程，并以此建立该流程的绩效考核表。

我们以客户关系管理和客户服务管理为例，介绍如何设计 GSCF 模型流程的考量指标，如图4-5和图4-6所示。

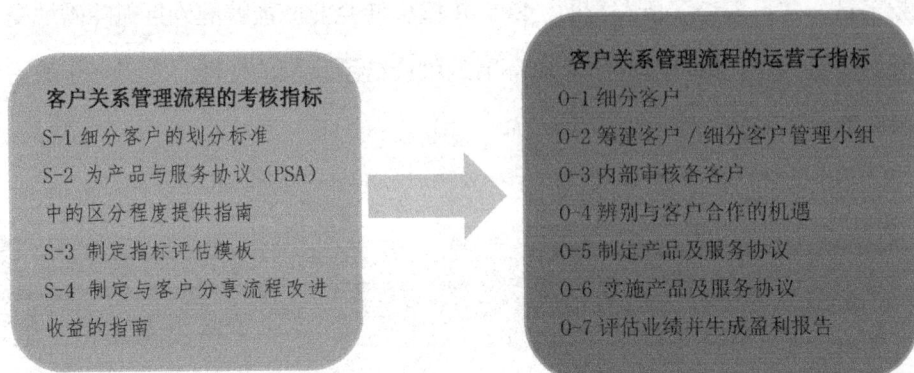

客户关系管理流程的考核指标
S-1 细分客户的划分标准
S-2 为产品与服务协议（PSA）
中的区分程度提供指南
S-3 制定指标评估模板
S-4 制定与客户分享流程改进
收益的指南

客户关系管理流程的运营子指标
O-1 细分客户
O-2 筹建客户 / 细分客户管理小组
O-3 内部审核各客户
O-4 辨别与客户合作的机遇
O-5 制定产品及服务协议
O-6 实施产品及服务协议
O-7 评估业绩并生成盈利报告

图4-5　客户关系管理流程的考核指标和运营子流程

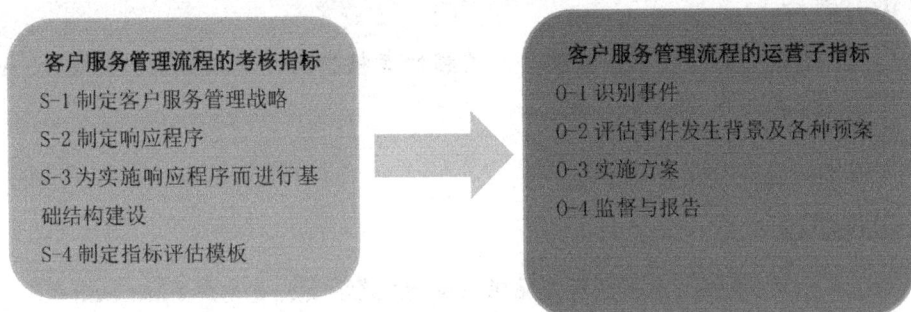

客户服务管理流程的考核指标
S-1 制定客户服务管理战略
S-2 制定响应程序
S-3 为实施响应程序而进行基
础结构建设
S-4 制定指标评估模板

客户服务管理流程的运营子指标
O-1 识别事件
O-2 评估事件发生背景及各种预案
O-3 实施方案
O-4 监督与报告

图4-6　客户服务管理流程的考核指标和运营子流程

GSCF 模型其他流程的考核指标和运营子流程的设计可以参考客户关系管理流程、客户服务管理流程进行，同时要注意结合企业实际情况，切忌出现脱离企业实际情况的考核指标。

GSCF模型的流程评估

关于 GSCF 模型的流程评估，建议企业成立跨职能的团队来完成评估工作中的每项任务：打分、分析重要性和提供证据。

打分评估：每一项按一个 5 分制的评分标准进行评估。

1 = 你同意第一列中的陈述。

2＝你认为公司在第一列陈述和第三列陈述之间的某个位置。

3＝你同意第三列中的陈述。

4＝你认为公司在第三列和第五列陈述之间的某个位置。

5＝你同意第五列中的陈述。

一般 GSCF 的评分标准中包括了 1 分、3 分和 5 分的描述语句。1 分、3 分和 5 分各列之间的中间列被用来容纳位于 1 分、3 分和 5 分之间的评分，要求使用的企业选择与各项分数相对应的小方框。如果应答者不知道如何对该项评分，请选择"不知道"选框。

重要性评估：每一项按一个 3 分制的评分标准进行评估。

3＝关键：这一项对公司客户关系管理流程的成功是必不可少的。

2＝重要：这一项对公司客户关系管理流程的成功很重要，但不是必不可少的。

1＝不太重要：这一项对公司客户关系管理流程的成功不太重要。

证据评估：在提供的空格中为对每一项的评分及其重要性提供一些说明，比如为何这样给各项进行评分。

我们以客户关系管理为例说明如何进行 GSCF 模型的流程评估表，如表 4-3 所示。

表4-3　GSCF模型的流程评估表（以客户关系管理为例）

分数						重要性
项目	1	2	3	4	5	不知道	
	□	□	□	□	□	□	○关键 ○重要 ○不太重要
A	我们没有公司战略	←	我们有公司战略，但我们一直没有检查它是如何影响客户关系管理流程的	→	我们有公司战略，而且我们一直在检查它是如何影响客户关系管理流程的		
证据							

项目	分数						重要性
	1	2	3	4	5	不知道	
	☐	☐	☐	☐	☐	☐	○关键 ○重要 ○不太重要
B	我们没有营销战略	←	我们有营销战略，但我们一直没有检查它是如何影响客户关系管理流程的	→	我们有营销战略，而且我们一直在检查它是如何影响客户关系管理流程的		
	证据						

对 GSCF 模型中的 8 大流程进行评估可以识别流程中存在的机会，强调了流程中战略和运营子流程上的重要方面。管理人员可以通过评估识别流程的优势和弱势，将力量集中在那些改进工作将带来最大收益的地方。

供应链绩效考核第3步：
选择指标

05

要想得到一个有效的合适的企业绩效考核结果，就要选择合适的指标。选择合适的考核指标不仅能够准确反映出供应链各个环节的效果，还能为下一步指导供应链绩效提升提供依据。

第一节　企业总体绩效指标

核心要点

　　本节主要介绍了什么是EVA指标、EVA在企业绩效考核中的价值，以及供应链5大绩效指标的相关内容，系统地解释了供应链绩效指标的内容。

实践指导

　　企业在选择供应链绩效考核指标时常会出现三种问题：一是供应链绩效考核指标并不明确，缺乏明确的可衡量的因素，导致该指标的结果并不能全面如实地反映出供应链各个环节管理的结果；二是如果选择了不合理的考核指标，在实际的供应链各个环节的工作中会出现矛盾，比如当考核指标过于关注成本的时候，就可能会出现降低指标标准的行为；三是如果缺乏合适的供应链绩效考核指标，很难在真正的工作中取得进展，甚至导致供应链管理越来越混乱，绩效也越来越差。

　　因此，选择供应链绩效考核指标是一件非常重要的事情。要想正确认识企业总体绩效指标，企业需要明确两点：一是明确理解EVA指标的含义和计算公式；二是了解供应链5大绩效指标的具体内容，把握企业总体绩效指标。

EVA指标

　　经济增加值是指从经营产生的税后净营运利润中扣除包括股权和债务在

内的全部投入资本的机会成本后的剩余收益。经济价值增值法（EVA）是基于剩余收益思想发展起来的新型价值模型。EVA 的基本理念是：**资本获得的收益至少要能补偿投资者承担的风险**。也就是说，股东必须赚取至少等于资本市场上类似风险投资回报的收益率。

权益资本成本的计算方法不同，导致企业的资本成本不同，因此应用 EVA 指标评价企业经营业绩和考核企业资本保值增值，有不同的标准和要求，一般分为基本 EVA 值、正常 EVA 值和理想 EVA 值。

1. 基本 EVA 值

基本标准和要求是企业的净利润应大于或等于权益资本的时间价值，我们将其称为"基本 EVA 值"。其具体计算公式为：

$$基本EVA = NOPAT - IC \times \left(\frac{D}{D+E} K_D + \frac{E}{D+E} R_F \right)$$

上述公式中，$NOPAT$ 是税后营业净利润；IC 是投资资本；D 是长期负债；E 是所有者权益；K_D 是长期负债成本，R_F 是无风险投资报酬率。

根据公式可知，当该指标为零时，说明资本所有者投入资本没有损失，即资本保值，经营业绩一般；当该指标大于零时，说明资本所有者投入资本获得增值，经营业绩较好；当该指标小于零时，说明资本所有者投入资本遭到损失，经营业绩较差。

2. 正常 EVA 值

正常标准和要求是企业的净利润应大于或等于权益资本的正常利润，我们将其称为"正常 EVA 值"。其具体计算公式为：

$$正常EVA = NOPAT - IC \times \left[\frac{D}{D+E} K_D + \frac{E}{D+E} (R_F + R_P) \right]$$

其中 R_P 是风险补偿，其余符号含义同基本 EVA 值计算公式。

根据公式可知，当该指标为零时，说明资本所有者投入资本实现了保值，经营业绩一般；当该指标大于零时，说明资本所有者投入资本获得增值，经营业绩较好；当该指标小于零时，说明企业经营没有达到社会平均利润率或正常利润水平，资本所有者投入资本不但未得到保值，而且遭到损失，经营业绩较差。

3. 理想 EVA 值

理想标准和要求是企业的净利润应大于或等于权益资本的普通股成本，我们将其称为"理想 EVA 值"。其具体计算公式为：

$$理想 EVA = NOPAT - IC \times \left[\frac{D}{D+E} K_D + \frac{E}{D+E} K_M \right]$$

其中 K_M 是按资本资产定价模型计算的普通股成本，其余符号含义同基本 EVA 值计算公式。

根据公式可知，当该指标为零时，说明资本所有者投入资本实现了保值，经营业绩一般；当该指标大于零时，说明资本所有者投入资本获得增值，经营业绩较好；当该指标小于零时，说明企业经营没有达到股票市场投资者对它的期望水平，资本所有者投入不但未得到保值，而且遭到损失，经营业绩较差。

EVA 是站在投资者的角度，认为企业业绩的最终表现应该是投资（股权投资和债权投资）资本价值的增加。企业盈利只有高于其资本成本（包括股本成本和债务成本）时才能真正地为股东创造价值，才是真正具有投资价值的公司。

EVA 是一项综合指标，在企业管理应用中需要根据内在的价值驱动因素对指标进行分解和细化，最终将 EVA 与企业 KPI 相结合。如果落到供应链管理中，管理者就要重视 EVA 指标的供应链的传导机制。

EVA 指标的供应链的传导机制表现在两个方面，即客户价值驱动的 EVA 和供应商价值驱动的 EVA。

客户价值驱动的 EVA 是以客户价值为核心。为了更好地了解用组合 EVA 分析确定客户价值因素，我们用一张图来演示，如图 5-1 所示。

用组合EVA分析确定客户价值驱动因素

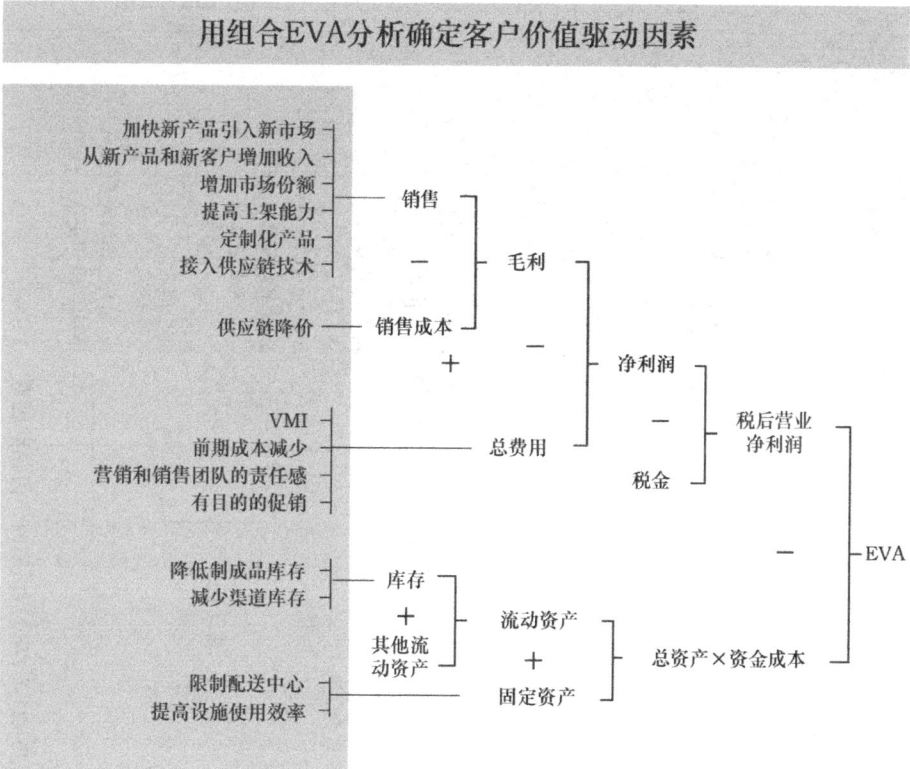

图5-1 EVA分析确定客户价值驱动因素

从图 5-1 可以看出，以客户价值因素分析时，EVA 重点关注税后营业净利润、总资产、总费用、销售成本、销售额、固定资产、流动资产等指标，旨在关注客户。

供应商价值驱动的 EVA 是以供应商为核心，如图 5-2 所示。

从图 5-2 可以看出，在供应商价值驱动环节，企业要关注增加的销售额、增加的客户份额、提高产出率、减少退货等。

用EVA分析确定供应商价值驱动因素

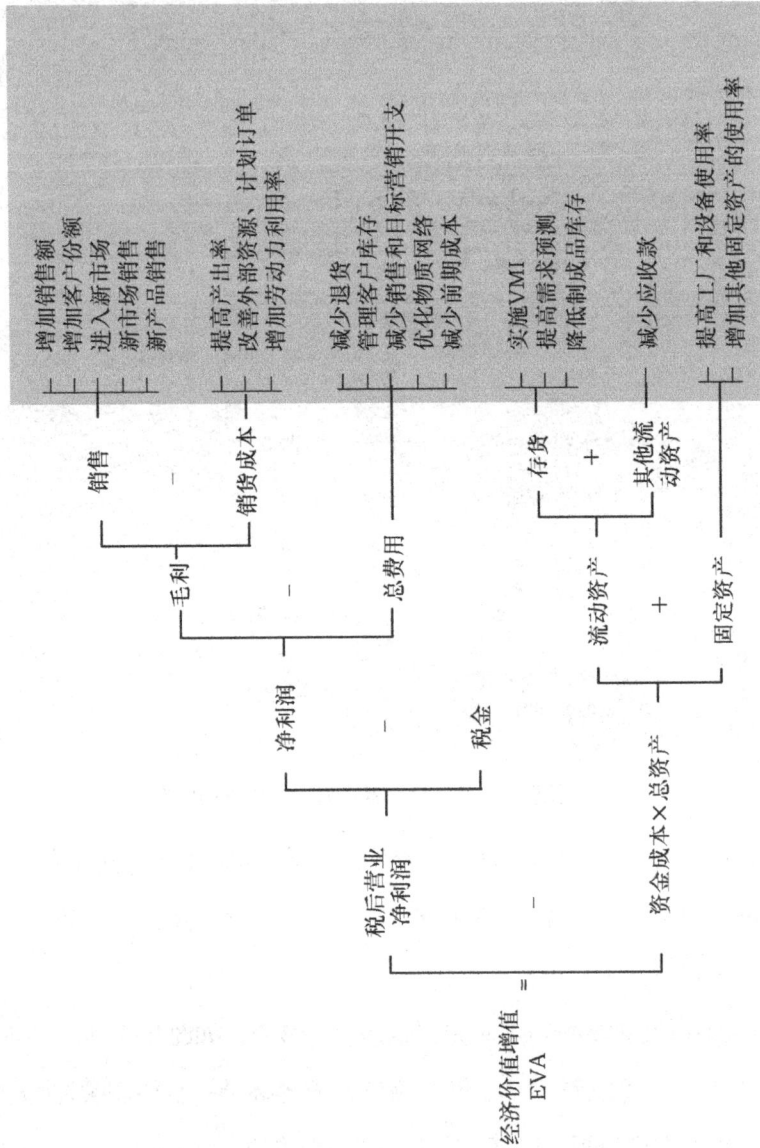

经济价值增值 = 税后营业 － 资金成本×总资产
EVA   净利润

税后营业净利润 ＝ 净利润 － 税金

净利润：毛利 － 总费用

毛利：销售 － 销货成本

销售
- 增加销售额
- 增加客户份额
- 进入新市场
- 新市场销售
- 新产品销售

销货成本
- 提高产出率
- 改善外部资源、计划订单
- 增加劳动力利用率

总费用
- 减少退货
- 管理客户库存
- 减少销售和目标营销开支
- 优化物质网络
- 减少前期成本

总资产：流动资产 ＋ 固定资产

流动资产：存货 ＋ 其他流动资产

存货
- 实施VMI
- 提高需求预测
- 降低制成品库存

其他流动资产
- 减少应收款

固定资产
- 提高工厂和设备使用率
- 增加其他固定资产的使用率

图5-2　EVA分析供应商价值驱动因素

综上所述，使用 EVA 指标有利于帮助企业了解自身的盈利亏损状况，有效避免盲目投资、过度做大的冲动，形成资本约束，进而提高资本利用效率和盈利能力，引导企业更加关注供应链的各个流程，从整个供应链上下功夫，整体优化企业的业绩。

供应链5大绩效指标

在第四章第三节中，我们提到 SCOR 模型的绩效衡量指标有 5 个方面的绩效属性，供应链的 5 大指标与这 5 个方面的绩效属性基本一致，即供应链可靠度指标、供应链反应度指标、供应链柔性指标、供应链成本指标、供应链资产管理效率指标。

1. 供应链可靠度指标

供应链可靠度指标主要包括评估客户服务效率和可靠性的指标，其中包括订单满足率指标（order fill rate）和产品线订单满足率指标（order line fill rate）。

订单满足率指标表示企业完成客户订单的能力。产品线订单满足率指标表示企业完成客户订单的深度能力。我们以 APQC 的订单完成率和产品线订单完成率标杆为例进行介绍，如图 5-3 所示。

从图 5-3 的标杆数据可以看出，最好的和最差的订单满足率指标差距很大。同时，要缩小中等水平与最好水平之间的差距，也非常具有挑战性。

2. 供应链反应度指标

供应链反应度（supply chain responsiveness）指标是企业满足客户要求的能力、对客户反应速度的关键绩效指标，如订单完成周期时间。

订单完成周期时间（也称为前置期）是衡量企业对客户服务的反应速度的绩效指标，参考标杆如图 5-4 所示。一般来说，订单完成周期越短，说明企业对客户服务的反应速度越快。

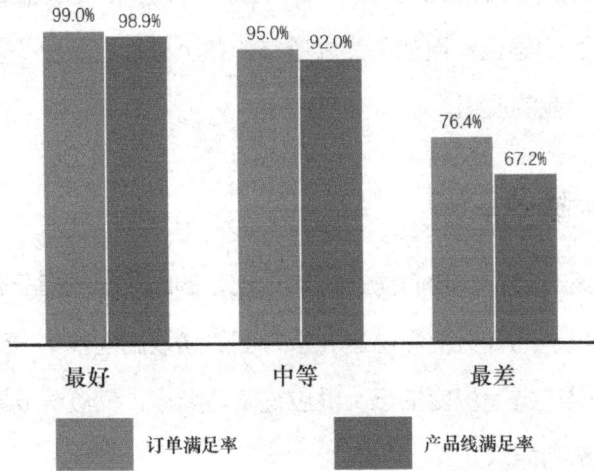

图5-3　APQC的订单完成率和产品线订单完成率标杆

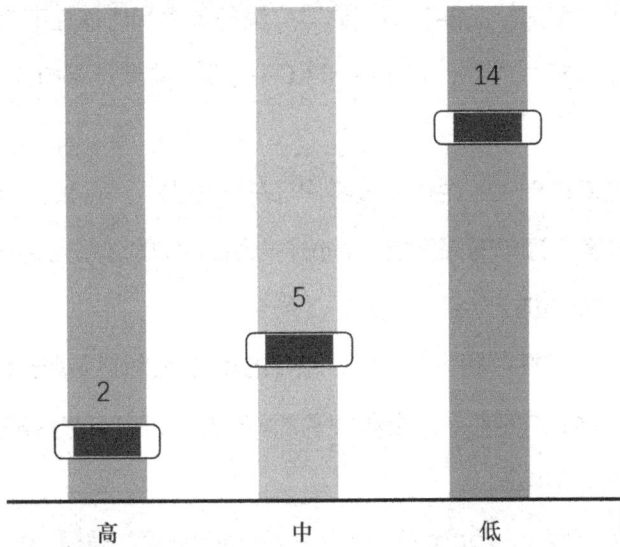

订单完成周期时间

图5-4　订单完成周期时间标杆

3. 供应链柔性指标

供应链柔性指标是指供应链面对市场变化获得和维持竞争优势的敏捷性，其中包括供应链总反应时间和生产柔性。

供应链总反应时间是指市场需求变化被确认之后，重新平衡整个供应链所用的时间。此外，也用来衡量供应链快速响应市场变化的能力。

供应链总反应时间 =（预测周期时间）+（重新计划周期时间）+（内部生产重新计划周期时间）+（累计获取／制造周期时间）+（订单履行时间）

生产柔性是指系统能够生产各种零件的总和，或实现上述全部柔性的总和。衡量生产柔性的指标主要包括产品的柔性、时间的柔性、数量的柔性。

4. 供应链成本指标

总供应链管理成本有 5 个要素，分别是管理订单处理、原材料获取原料、管理库存、管理供应链财务、制订计划、IT 成本占总收入的百分比。

准确分摊 IT 相关成本是最大的挑战。企业可以通过 ABC 作业成本方法进行分摊，或采用传统的如基于使用者数量、交易数量或部门使用数量等方法进行分摊。侧重点是捕捉所有的成本，不论是在企业内部发生的所有成本，还是代表企业的支持组织的成本。将数据中发现的合理估计作为评估所有绩效表现的平均值。所有估值反映了包括工资、福利、空间和设施、一般和行政分摊的实际负担。

供应链总成本率 =（订单管理成本 + 原材料获取成本 + 存货运送成本 + 供应链计划成本和财务成本 + 供应链 IT 成本）/ 总收入

5. 供应链资产管理效率指标

供应链资产管理效率是指一个组织为满足需求而对资产进行管理的有效

性，其中包括对固定资本和运营资本在内的全部资产的管理。供应链资产管理效率指标主要有以下几种。

现金循环周期：又称"现金周期时间"，指现金从支出购买原料到回流到企业所需要的时间。以服务为例，现金循环周期就是从公司开始服务运作、支付消费资源的时点开始，至公司收到客户为这些服务所支付的报酬的时间。

现金循环周期 = 库存总供应天数 + 应收账款天数 − 应付账款天数

库存总供应天数：指在储备过多和淘汰过时的库存之前，以标准成本计算的总库存价值，包括账面库存和当前整个企业拥有的库存，不包括将来责任如供应商的货物。

库存总供应天数 =5 点年度平均总库存（原材料及在制品、工厂制成品、
销售渠道制成品、样品）÷（已出售货物成本 ÷365）

净资产周转率：又称基本比率，指销售收入对净资产的比率，是反映净资产周转次数的指标。

净资产周转率 = 销售收入 / 净资产 ×100%

● 20个关键供应链绩效指标

供应链绩效考核指标由 6 大类（物流绩效指标、制造绩效指标、采购绩效指标、新产品开发绩效指标、客户订单管理指标、供应链诊断指标）共 20 小类的关键指标构成，如图 5-5 所示。

供应链绩效考核指标既可以从宏观概念上划分，也可以从具体的绩效考核指标上划分。对企业来说，充分了解供应链绩效考核指标是选择指标的重要基础，更是促进企业供应链改善和发展的重要一步。

20个关键供应链绩效指标

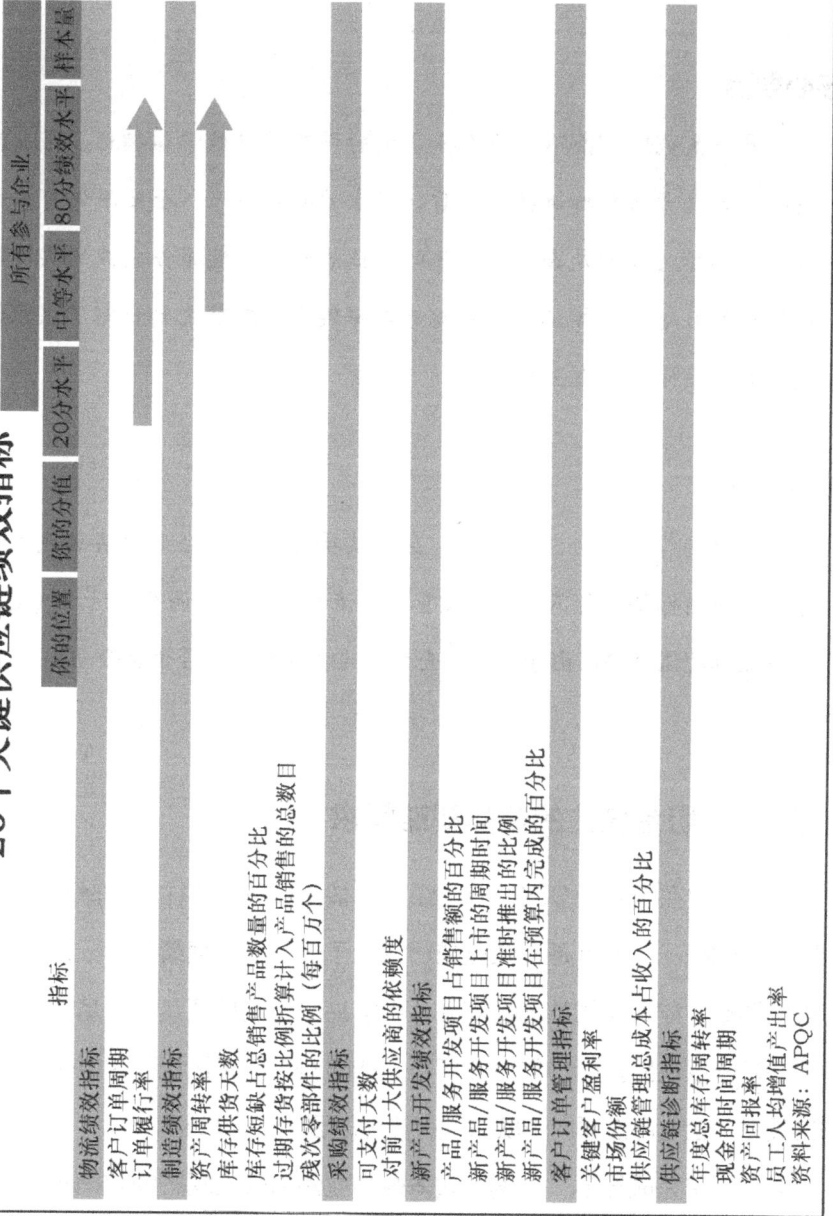

指标	你的位置	你的分值	20分水平	中等水平	80分绩效水平	样本量

所有参与企业

物流绩效指标
客户订单周期
订单履行率

制造绩效指标
资产周转率
库存供货天数
库存短缺占总销售产品数量的百分比
过期存货按比例折算计入产品销售的总数目
残次零部件的比例（每百万个）

采购绩效指标
可支付天数
对前十大供应商的依赖度

新产品开发绩效指标
产品/服务开发项目占销售额的百分比
新产品/服务开发项目上市的周期时间
新产品/服务开发项目准时推出的比例
新产品/服务开发项目在预算内完成的百分比

客户订单管理指标
关键客户盈利率
市场份额
供应链管理总成本占收入的百分比

供应链诊断指标
年度总库存周转率
现金的时间周期
资产回报率
员工人均增值产出率
资料来源：APQC

图5-5 20个关键供应链绩效指标

供应链绩效考核 第3步...选择指标

第二节　供应链绩效考核指标选择的宗旨

核心要点

　　要想系统地有条不紊地选择合适的供应链绩效考核指标，企业需要确立绩效考核指标选择的宗旨。在宗旨的指引下，企业不仅可以综合考量选择的指标是否适合整体的企业规划，还能根据企业的实际情况选择有针对性的指标，使其能够发挥实用。本节主要介绍了供应链绩效考核指标选择的 3 大宗旨。

实践指导

　　要想选择适合企业的指标，企业就要遵循切合企业的实际战略需求、考核指标要随着不同的考核重点和流程范畴进行调整、供应链绩效考核指标的选择要均衡等宗旨，全方位地考量指标是否适合企业。

宗旨1：切合企业的实际战略需求

　　不少企业在面对众多的供应链绩效考核指标时，往往会选择更多的超出实际需要的指标。尤其是在企业成功试点了一两项关键绩效指标，首次取得了供应链运作能力和绩效的提高时，更容易出现这种倾向。对基于历史绩效评估并基于以往经验运作的企业而言，能够提供供应链流程因果关系的数据非常关键。企业自然倾向于获取所有流程的因果关系数据。

　　以"订单完成周期"为例，大多数企业使用较宏观的绩效指标，评估从客户订单输入直至发运、交货的总时间。客户订单经过无数道"关卡"，从接收客户订单、订单核实、订单输入、计价、信用核查、订单下达、分拣、包装，直到发运，企业需要评估各道"关卡"之间的耗时。

然而，从外部客户的角度来看，客户只关心从下订单开始到收到货物的总耗时，而对企业如何履行订单的详细流程并不特别感兴趣。因此，评估每道"关卡"之间的耗时并没有多大意义，选择像从接收客户订单到订单下达这样跨度较大的"流程"反而比较合适，如果评估结果揭示出绩效问题，再进一步细化问题点的"流程"。

因此，企业指标体系的选择应该根据需要进行设计，并根据供应链流程考核的要求及时进行调整。企业应避免使用预先设定的绩效指标体系作为评估业务绩效好坏的标准。预先设定的绩效指标体系可能不适用于企业的所有业务。另外，在第三章，我们也曾讨论过绩效指标体系必须与战略目标相一致。所以，企业在选择供应链绩效考核指标时，要以企业总体战略方向和核心竞争力为基础，慎重选择有益于绩效目标的绩效评价指标。

宗旨2：考核重点和流程范畴不同，考核指标也要随之而变

企业绩效考核的指标应随着考核重点和供应链流程范畴的不同而有所不同。例如，关注业务功能的考核与关注整个企业的考核和关注跨企业的供应链绩效考核的关注点不同，采用的绩效指标也应有所不同，具体见表5-1。

表5-1　绩效指标关注点的绩效问题

供应链关注点	绩效问题	绩效指标
关注业务功能	缺乏职能政策／流程及基本运营管理，导致了不可预期的产品质量和供货问题	特定职能部门的绩效指标
关注供应链流程	虽然具备了最优化职能部门的质量、成本和时间的流程、系统和管理原则，但没有实现跨企业绩效的最优化	职能部门内外的特定流程绩效指标
关注整个企业	供应链流程与所有子流程及各管理层次相整合、相一致，展示出世界级的绩效水平和持续改进	跨职能流程的绩效指标
关注跨企业供应链	内部流程与外部流程一体化，使企业合作伙伴能够专注于客户服务、供应链伙伴、核心能力及创造价值	跨企业流程及指定外部流程的绩效指标

如表 5-1 所示，企业考核的重点和供应链的流程范畴不同，所对应的绩效考核指标也会发生变化。例如企业重点关注跨企业供应链时，就要做好内部流程与外部流程的一体化，使企业合作伙伴能够专注于客户服务、供应链伙伴、核心能力及创造价值，并关注与之对应的绩效指标。只有两两对应，才能选出更准确的指标。

宗旨3：供应链绩效考核指标的选择要均衡

供应链绩效考核指标的选择除了要服从于企业战略、供应链战略之外，还必须是均衡的。如果用平衡记分卡的框架来考虑，可以分为以下 4 个维度。

财务维度： 财务维度的绩效指标包括产品销售成本、劳动力成本、运输成本、增值生产率以及资产周转等。财务评价指标相对容易评估，却无法清晰地提供供应链整体运作绩效的全况。

客户维度： 客户维度的绩效指标包括按承诺日期交货、服务水平、订单完成提前期、订单完成率和订单完美履行率等。

内部流程维度： 内部流程维度的绩效指标包括预测准确率、质量、柔性和内部提前期等。这些绩效指标评估了供应链运作绩效，却没有与具体的财务绩效相关联。

学习与成长维度： 企业的持续增长源于企业通过不断学习，动态地持续改进供应链运作绩效的能力。这个维度的绩效指标最难以界定，因为企业很难量化学习与成长的潜在效益。不过像要求员工获得美国生产与库存管理协会认证或是完成六西格玛培训等指标，就是从这个维度建立有意义的绩效指标的绝佳方式。

值得一提的是，不同类型的企业供应链战略不同，所选择的绩效考核指标的关注点和侧重点也不同，比如生产企业和第三方物流企业的关注点和绩效考核体系存在明显的差异。

核心要点

　　本节主要介绍了供应链管理的 5 个基本流程——计划、采购、制造、支付和回收，以及其主要涵义和关键指标，并用一个完整的案例展示了企业在进行供应链绩效考核时如何按照 5 个基本流程去选择指标。

实践指导

　　要想做好供应链绩效管理，企业就要重点了解供应链管理的 5 个基本流程，并了解各个流程的内涵和关键指标，以指导自己在选择供应链绩效指标时需要做出哪些考量。

计划流程绩效指标

　　计划是用来管理所有的资源，以满足客户对产品的需求。好的计划是建立一系列的方法监控供应链，使其能够有效、低成本地为客户递送高质量和高价值的产品或服务。

　　计划流程包括产品数据管理－产品引入/退出及投放；产品引入后的支持和扩张；测试和评估；生命周期截至的库存管理，物料总清单的定义与控制；预测和需求/供给管理，制成品预测－最终产品的库存计划，对所有产品和渠道的生产主计划排程。

　　供应链计划流程的关键指标包括供应链计划时间、供应链计划成本、能力利用率、需求预测准确度、计划稳定性、累计采购/制造周期、年度销售总额、现金循环周期、供应链固定资产回报、供应链财务计划成本、订单周期、客户满意度、库存水平、运营资本回报率、回收计划成本等。

采购流程绩效指标

采购流程管理可以帮助企业快速并有效地处理采购申请、采购订单、询／报价、采购入库等工作，为企业的报价管理、采购订单、入库等业务连接其他模块，便于掌握当前的进展情况，并支持综合采购业务。

采购流程包括采购／原料获取－物料需求、采购、供应商质量工程、内向货运管理、收货、检验、组件加工；获取工具、应付账款；收集信息、询价、比价、议价、评估、索样、决定、请购、订购、协调与沟通、催交、进货验收、整理付款。

采购人员的主要职责就是作为公司管理供应商的第一窗口管控订单准时交货率，管控库存，管理采购成本、采购物流成本、质量成本、总成本，管理供应商 KPI，持续提升供应商的能力，管理一般采购的询价、报价、招标、开标、合同等。

采购流程绩效指标包括采购流程制定时间、采购流程制定成本、原材料库存供应天数、潜在的合格供应商比例、在供应商提前期内变更的计划比例、供应商识别周期、供应商资格认证周期、供应商选择周期、供应商识别时间与／或费用降低率等。

制造流程绩效指标

制造流程又称为生产流程，是指在生产工艺中，从原料投入到成品产出，通过一定的设备按照顺序连续地进行加工制造的过程。

制造流程包括生产排程－追踪，制造工程，制造单证管理，库存／异常跟踪；库存管理－永续和物流库存控制和工具；制造执行－ MES，详细和有限间隔的计划，流程控制，机械计划等。

制造流程的绩效指标包括规模度、制造周期时间、制造前置期、总累积制造周期、固定成本、固定前期成本、间接成本、机器故障时间、完整制造到发运时间、再计划周期、在制品库存供应天数等。

交付流程绩效指标

交付流程包括订单管理－订单输入、维护、报价、客户数据库、产品 / 价格数据库、应收账款、贷款和收款、开发票、发货、运费管理、交通管理；库存管理－永续和物流库存控制和工具；仓储管理－成品、收货和储存、分拣和包装；渠道管理－促销、定价和折扣、客户满意度调查；现场备件 / 支持－现场服务、客户与现场支持、技术服务、服务 / 呼叫管理、退货、保修跟踪等。

交付流程绩效考核指标包括交付周期、完美订单比例、按时交货率 / 按要求交货率、订单填充率、可承诺量、产成品库存供应天数、单证准确率、补货提前期、补货准确性、补货及时性、在途库存等。

回收流程绩效指标

从某种程度上说，回收流程是"变废为宝"的流程，在回收流程中企业可以通过合理的方法最大限度地回收和利用废品中有价值的部分，尤其在资源匮乏和绿色发展的情况下，越来越多的企业发现了回收流程的价值，从一些被丢弃的废料中获得利润。

如果落在供应链流程中，回收供应链则是指为了从客户手中回收使用过的产品，对其进行进一步的回收、检测、分类，目的是对回收的产品进行处理或再次利用。

回收流程指在回收计划、回收授权、渠道回收、直接回收、拆解和循环利用、逆向物流等环节采用绿色管理和技术手段，一般会经历 5 个过程，如

图5-6 所示。

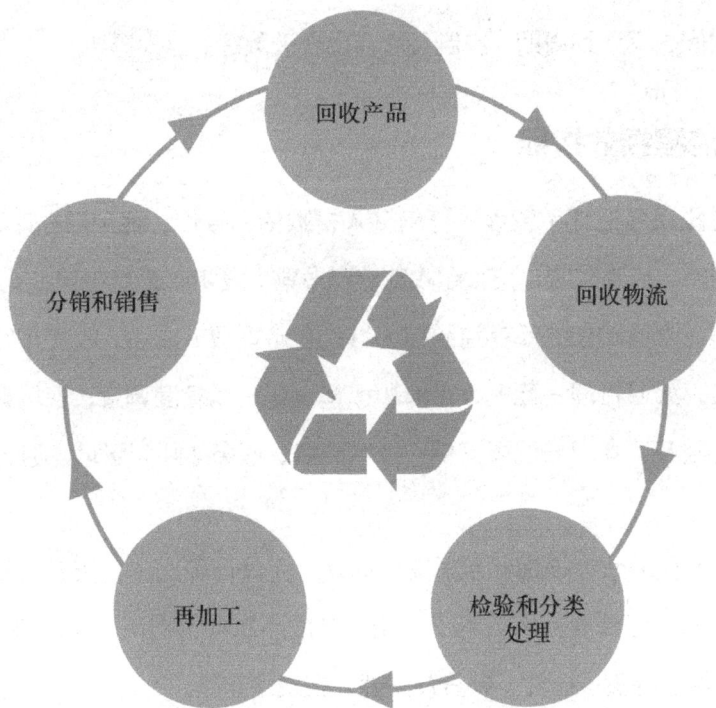

图5-6 回收流程的5个过程

一是回收产品。回收产品是指从消费者处获得产品的过程。回收产品数量与企业对回收供应链的投资有着密切关系。只有能够持续稳定地回收大量产品，企业才可能为供应链做出更多的投资。

二是回收物流。回收物流是为了重新获得产品的使用价值或正确处置废弃产品，而使原材料、半成品库存、制成品及相关信息从供应链的下游消费者返回上游生厂商或供应商的过程。

三是检验和分类处理。这一工作的目的是检验回收产品的质量水平，以及为各个产品制定恰当的处理策略。

四是再加工。一般产品升级或原料恢复是最好的处理策略，此时产品可转入再处理操作，如修理、修复、再制造和重复利用等。

五是分销和销售。 即将这部分回收再加工的产品重新投入市场。

回收流程绩效考核的关键指标包括回收管理成本、过剩产品回收与准备再销售周期、过期与到期产品回收处理周期、修理翻新再使用的产品回收周期、回收品处理成本、执行退货许可准则的时间和成本、回收品存货成本。

5个流程的绩效指标选择

我们以某绿色产品企业为例，来分析供应链的5个流程如何选择绩效指标。

计划流程要按照最小消耗、最低排放、最优绩效的原则设计所有的供应链流程，在实现经济销售的同时也能有效地实现生态效益。具体来说，可以制订可重复回收的原材料计划、优化库存计划等，管理者要充分考虑绿色产品的要求，并将这个要求融入各个环节，包括确定产品的原材料、产品的批次和规格、交付时间、物料处理等所有环节。

采购流程包括建立采购战略，选择绿色供应商，选择带有绿色环保标识的产品和回收可利用的、低污染的原材料、零部件，采用绿色内向运输和物料处理环节。

制造流程包括采用基于环境的设计在产品开发阶段考虑产品生命周期的绿色设计理念，考虑产品的可拆解、可回收性；采用绿色节能减排的生产设备、设施；采用精益制造的理念以最大限度地避免浪费等。

交付流程包括从订单接收、订单处理，到收货、验货、仓储、分拣、包装、发货、运输组织、网络设计等环节采用绿色环保的管理手段和技术手段。其中绿色运输、绿色仓储是绿色交付的主要环节，如果企业在运输和仓储中坚持绿色管理，就会产生优势。

需要强调的是，以上列举的考核指标只是各个流程中的部分指标，更全面、具体、关键指标，我们会在第六章展开详细的介绍。

供应链绩效考核第4步：
开始考核

06

本章围绕供应链管理的5大基本流程，按照定性考量和定量考核相结合的方式开始考核，给出了指标计算和核算的方式和过程，为企业提供考核方法。

第一节　定性分析与定量分析指标

核心要点

　　通常涉及绩效考核时都会引入定性分析和定量分析。本节介绍了什么是定性分析指标，什么是定量分析指标，以及它们各自的优势和特点。

实践指导

　　定性指标和定量指标有着不同的价值，企业首先要认识到什么是定性指标和定量指标，以及它们在供应链绩效考核中各自有什么样的价值。

定性分析与定性指标

　　定性分析是指通过逻辑推理、哲学思辩、历史求证、法规判断等思维方式，着重从质的方面分析和研究某一事物的属性。它的优点是用时短、耗费小，比较实用。

　　定性指标是指无法直接通过数据计算分析评价内容，需对评价对象进行客观描述和分析来反映评价结果的指标，例如产品工艺、时间和成本、检查结果、投诉情况、满意度等。定性指标无法像定量指标那样精确地加以衡量和考核，因此在很多企业，对定性指标的考核往往只凭考核者的主观印象，以致考核结果出现偏差，不能真实反映被考核者的实际业绩情况和企业的真实情况，因此考核的效果也会受到一定的影响。

　　在实际工作中，企业由于工作内容的性质，对供应链的绩效考核大部分甚至全部采取定性指标。要使得定性指标能够精确用于考核，就必须减少指标定义的笼统和模糊，可以采取"往下细分"的方式——找出一个大的定性指标中重要的并且可以进行具体考核的几个方面，再针对每个方面制定具体的可衡量的考核标准。

所以，管理者在制定定性指标的考核标准时，首先要将定性指标进一步细化为多个可考核的方面，即考核维度；其次要针对每一个可考核维度，尽量用数据和事实来制定明确和具体的考核标准。

定量分析与定量指标

定量分析是对社会现象的数量特征、数量关系与数量变化进行分析的方式。在企业管理中，定量分析法是以企业财务报表为主要数据来源，按照某种数理方式进行加工整理，得出企业信息的结果。定量分析常见的分析对象主要为财务报表，如资金平衡表、损益表、留存收益表等。

与定性指标相比，定量指标是可以准确数量定义、精确衡量并能设定绩效目标的考核指标。在定量评价指标体系中，定量指标一般具体、客观，能够准确反映工作成果，评价结果也比较直观，效果也比较好。企业在使用定量指标进行考核时，可以根据选定的定量指标背后的公式进行计算，得出比值，从而了解企业当前的情况。

在供应链绩效考核中，定量考核是指测量前置时间、履约水平、库存水平等，可以把这些标杆与其他公司报告中提到的类似测量数据进行比较。公布几家标杆公司最强的绩效，通常分为 4 或 5 个组，顶级的组被称为最佳实践或最优级别，中心组被确定为中间组或中位点。以最佳来源为竞争标杆仅仅公布统计中的显著结果，并且会进行一定的地理划分从而使同类级别的公司便于比较。可以说，定量绩效分析是比较组织之间的定量绩效指标的过程，通过比较同一个行业内部企业之间的差距，找到提升的路线图。

定性或流程标杆通常使用工作活动和工作方式描述来做相似的比较，如公司将收到的对执行工作行动的描述与最佳做法和最低标准的描述相比较。通过了解具体工作活动中哪些方面是该履行的和不该履行的，管理者可以决定如何改进流程并定量地衡量流程结果。可以说，定性绩效分析是将流程与组织之间的定性对比的过程，目的是找到差距的根源，提出提升企业流程的行动方案，促使企业提升竞争力。

总的来说，定性指标和定量指标虽然都不可避免地带有考核人的主观评价，但是对企业来说，定性指标和定量指标都是非常重要、缺一不可的。需要强调的是，企业在选择供应链绩效考核指标时要根据供应链不同的流程所具备的具体特点做出选择，并采取定性指标和定量指标相结合的方式，这样才能得出更准确、更客观、更科学的结论。

第二节　计划流程绩效指标定性与定量分析

核心要点

本节主要介绍了计划流程绩效指标的定性与定量分析，以及它们的考核方法。

实践指导

要想做好供应链－计划流程的考核，企业就要了解在计划流程中，供应链绩效考核都考核了哪些定量和定性指标，并根据表格中给出的方式进行考核。

计划流程定性绩效考核

计划流程的定性绩效考核主要包括供应链计划的定性绩效考核、供给／需求协同的定性绩效考核、库存管理的定性绩效考核3个方面，我们以表格的形式进行具体介绍。

1. 供应链计划的定性绩效考核

供应链计划的定性绩效考核方式如表 6-1 所示。

表6-1 供应链计划的定性绩效考核

供应链计划			
需求预测			
没有建立规范的需求预测流程	←	• 预测流程管理分配明确的责任 • 利用强大的市场情报（不仅是简单的出货数据）来发展长期的操作预测 • 市场情报是有步骤的、可分析的和可及时传播的 • 预测中要考虑产品、服务、价格计划和推广的变化 • 适当地运用协同计划、预测和补货CPFR（collaborative planning forecasting and replenishment）技术 • 预测的绩效是可考核的(精确性、偏差和稳定性) • 至少每星期评估一次短期预测	→	具有一个正规和结构健全的流程，从不同的来源收集市场情报建立一个从客户到供应商的需求管理流程，由以下主要元素组成： • 市场评估 • 产品计划和生产 • 计划调整周期 • 每月预测管理(或者每周) • 推广计划 • 定价优化 • 生命周期和/或季节性计划 • 短期调整或订单调整 • 利用方式论使得计划一致，和解资源间的抵触，同时考核每项投入预测的精确性 • 预测流程在企业中具有很高的优先权，目的是获得企业运作的竞争力 • 针对特定用户，预计的销售额的主体得到了预测 • 基于预测变异、订单变化、市场情报等的迅速决策周期(每日或更短的时间) • 利用计划时减小注入相邻的供应链流程的"噪声" • 整个企业致力于并依赖于一致的预测方式 • 供应链成员中的实时数据交换
预测方式论			
没有综合利用各种预测方式论	←	• 利用简单流程修改历史需求 • 基于相关职员、客户和供应商提供的月报，更新市场情报 • 对主要产品或零部件/原材料使用适当的方式进行预测 • 所有数据来源均经过精确性评估	→	• 定义预测日历并严格遵守 • 针对特定市场、产品、客户周期等的适当的评估手段、方式和算式 • 统计分析与市场情报相结合预测趋势 • 基于各种成熟的工具，具有仿真能力（如移动平均数、平滑指数、时间序列、回归分析等） • 通过与相关人员、客户和供应商的合作，持续更新市场情报 • 利用合作流程(内部和外部)，细化SKU（stock keeping unit）和元件零部件层面的预测

续表

供应链计划		
销售和运营计划(S&OP)		
没有采用销售和运营计划（S&OP）	← • 销售和运作计划（S&OP）将分离的市场、销售运作和财务功能形成一个整体 • 每月召开正规会议，研究企业绩效问题，将企业战略与操作能力连接起来 • 具有满足市场要求的功能协调的手段 • 由口径一致的运作预测，带动其他所有职能部门的响应(财务预测与运作预测可能有差异) →	• 每周例会连接商业策略和详细的设施和能力，包括销售预测变化评估，进出和即时库存和商品供应线 • 根据资源描绘要求 • 将新产品导入NPI(new product introduction）融入计划流程 • 产品生命周期与计划流程整合，并特别注意产品退市EOL（end of life） • 计划与目标和预算进行比较，(但不必要完全吻合)
财务绩效计划		
没有规范的财务绩效计划	← • 市场要求(如市场占有率）要经过财务可行性分析 • 在所有功能范围内，管理层明白财务的要求和承诺 • 任何外包制造/仓储合同要满足高峰期需求 • 理解支持设计、建造、走向市场所必需的缓冲要求 →	• 利用预测为所有直接和间接成本计算详细的财务计划 • 在财务预算和S&OP运作计划之间保持一致 • 财务小组包括在跨功能小组之中，"签署"预测的商业要求 • 依靠供应链执行因素和预期期望进行全部风险估价
市场预测		
没有建立规范的市场预测流程	← • 结合潜在客户的需要，进行结构化的市场调查 • 市场调查研究包括规划的新产品(包括竞争者的产品) →	• 当建立预测时，考虑下游伙伴市场情报 • 市场预测技术包含市场趋势、周期性市场分析、全球市场的供应链能力数据 • 实施产品族和产品生命周期计划技术 • 在整个渠道中应用价格分析和利润管理技术 • 运用经济/计量经济模型评估市场方向 • 企业向重要的渠道伙伴提供最新的信息，让他们知道市场的趋势和变化

供应链计划			
再订购执行			
没有建立规范的再订购执行流程	←	• 基于简单计划系统的再订购，由适当的控制技术进行有效支持 • 物资需求计划MRP（material requirement planning）系统要求是基于最短提前期、客户订单和预测计划期	• 由客户补货的"拉动"信号代替"推动"技术 • 预测的客户订单由实际客户订单"消费"，差额的部分进入补货程序，并使补货周期最短 • 基于支持客户再订购点的供应商管理库存水平VMI（vendor managed inventory） • 基于共同认可的最小/最大再订货点发出拉动式补货信号 • 采用警示系统，在库存水平接近再订购点时通知供应商 • 整合促销管理与补货策略，确定消费量是由于促销产生还是正常购买周期的一部分 • 根据表现调整再订购点
回收计划			
没有建立规范的回收计划流程	←	• 根据先前产品的知识和客户的动向制订回收计划 • 考虑产品生命周期和支持(维修)要求 • 流程清晰并被监控	→ 采用需求计划系统预测回收和可再使用元件的产出 • 与回收外包服务供应商制订协作计划 • 预留充分的能力满足计划回收的速度 • 利用缺陷分析修正计划设想

2. 供给 / 需求协同的定性绩效考核

供给 / 需求协同的定性绩效考核包括控制技术、需求管理、需求沟通等，具体如表6-2所示。

表6-2　供给/需求协同的定性绩效考核

供给/需求协同			
控制技术			
没有采用供需协同控制技术	←	• 利用定期评估的准确控制技术（MTS、MTO等）反映需求模式和可供能力的变化 • 交付、提前期和库存得到合理化和优化	→ • 贯穿供应链，采用协同的"拉动"式控制技术，使成本和生产提前期最小 • 在供应链成员之间实时交换供应链信息 • 根据数量和变化率的ABC分类，将产品按层次分类和管理 • 通过合作服务协议，供应商分担平衡供应和需求的责任

供给/需求协同			
需求管理（制造）			
没有建立规范的制造需求管理流程	←	• 采用主动的需求管理，平衡高水准的客户服务和高效率生产，并使库存成本最小 • 采用柔性制造，迅速调整，满足需求方的极端要求 • 根据达成一致的计划或上下幅度超出协议范围时与供应商协商需求计划	→	• 有影响需求、限制需求快速变化的可控驱动手段 • 与渠道伙伴和客户一起采用记录或其他技术清除无效产品 • 根据产品的数量和变化率，分类定义和管理产品 • 在可能条件下（按订单建造/装配）按照实际需求驱动生产，延迟装配 • 供应商可以在线看到对其组件需求、其组件库存水平和现有工厂积压组件的情况
需求管理（分销）			
没有建立规范的分销需求管理流程	←	• 采用主动的需求管理，平衡高水准的客户服务和库存效率 • 利用第三方物流或其他外包仓库应付周期性高峰期储存需求	→	• 采用主动的需求管理，平衡客户服务水平和存储效率，并使库存成本最小 • 供应商可以在线看到其产品需求和库存情况 • 根据产品的数量和变化率，分类定义和管理产品 • 根据实际需求驱动最后的装配（套件，延迟）
需求沟通			
没有建立规范的需求沟通流程	←	• 需求预测根据实际需求对冲和调整，并用于驱动操作 • 根据实际需求的变动性，每星期或每天更新生产/分配计划表和人员	→	• 通过对所有供应链间的元素的沟通，使需求实时可视 • 通过事件管理和警示通知发出供应/需求不平衡的信号 • 将促销和价格变化引起的需求变化告知制造过程，留出充分的生产周期，以应对变化 • 适当的方式，将销售点数据提供给供应链的上游，用充分的"过滤器"避免误导供应链、提供重复信息

3. 库存管理的定性绩效考核

库存管理的定性绩效考核主要包括库存计划和库存精确度，具体如表 6-3 所示。

表6-3　库存管理的定性绩效考核

库存管理			
库存计划			
没有建立规范的库存计划流程	←	• 根据计划和缓冲分析技术设定库存水平，并针对预测经常评估 • 库存水平基于客户服务要求确定（如采用ABC分类管理和设定统计安全库存，而不是名义上的每周供应） • 按照预测经常评估库存水平 • 考核服务水平，如有需要调整库存水平进行补偿 • 设定库存水平时，考虑断货的成本和影响 • 库存周转按照每月评估和调整来跟踪 • 按照库存单位SKU经常性评估过期库存 • 所有库存决策的制定利用了相关成本和连带风险的全部知识	→
		• 库存缓冲管理成为在供应链中集成优化库存的一部分 • 目标库存水平根据客户和产品的帕累托分析调整 • 为采取适当行动，把全部库存100%分类（活动的/可用的/过多的/过时的） • 基于提前期、可供性、供给与需求的变化等因素，按适当的水平计划库存–基本库存单位SKU水平、配件水平、原材料水平等 • 以货币单位（销售额和利润）和库存单位考核库存的绩效 • 根据产品生命周期和ABC生产量，每月/每周评估和调整库存目标/天数 • 在零件号层面定期评估过多和过时的库存 • 引入处置和后市场技术，处理陈旧、过时和受损的库存货物			
库存精确度			
没有建立规范的库存精确管理流程	←	• 记录系统明确库存位置 • 以最小参数循环盘点： "A" SKU(高量)每周盘点 "B" SKU(中量)每月盘点 "C" SKU(低量)每季度盘点 • 分拣错误引致的每日盘点	→
		• 完全运行循环盘点，为防错工作组提供信息，消除年度实物盘存的需要 • 系统根据每个SKU的数量的帕累托分析，决定循环盘点的频率 • 所有SKU的盘点都使用ASQL抽样标准 • 通过校正产生库存错误的缺陷过程，维持六西格玛库存精确性 • 采用无线数据采集RFDC（rail finance and development corporation）技术，实时更新库存量和位置，管理仓储			

计划流程定量绩效考核

计划流程的定量绩效考核同样也包括供应链计划的定量绩效考核、供给／需求协同的定量绩效考核、库存管理的定量绩效考核3个方面。

1. 供应链计划的定量绩效考核

供应链计划定量绩效考核的指标包括供应链计划时间、供应链计划成本、能力利用率、需求预测准确度、计划稳定性、累计采购/制造周期、年度销售总额、现金循环周期、供应链固定资产回报、供应链财务计划成本、订单周期、客户满意度、库存水平、运营资本回报率、回收计划成本等。每项指标的定义及计算方式如表6-4所示。

表6-4 供应链计划定量绩效考核指标

指标	定义及计算方式
供应链计划时间	与供应链计划活动相关的时间支出
供应链计划成本	与供应链计划活动相关的成本支出
能力利用率	使用资源生产产品或服务的强度指标。 能力利用率考核的因素包括内部制造能力、约束流程、直接劳动力供给能力、主要零部件/原材料供给能力
需求预测准确度	测量预测准确度的方式，是预测值占实际发货单位或货币值的百分比，即1减去预测需求量与实际需求量之差的绝对值，作为实际需求的百分比。预测准确度可以以产品单位计算，也可以以销售额来计算。 计算公式：1−（|总的差额|/实际总额）
计划稳定性	实际生产与计划生产差别占计划生产的百分比。 计算公式：$\dfrac{（月生产计划总和）+（计划与实际差别绝对值）}{月生产计划总和}$ 注意：基础生产计划是三个月更新一次的计划
累计采购/制造周期	制造可发运产品的累计内外提前期，假定无持有库存、无原料或零件订单且不存在对现有供应商预先预测。 总供应链反应时间：市场需求变化被确认之后，重新平衡整个供应链所用的时间。此外，也用来衡量供应链快速响应市场变化的能力。 计算公式：(预测周期时间)+（重新计划周期时间）+(内部生产重新计划周期时间)+(累计获取/制造周期时间)+(订单履行时间) 注意：区分按订单制造、按订单组装/包装、按订单设计和按库存制造决定算法
年度销售总额	年度销售总额是总产品收入加上交付后收入(如维护和修理设备、系统整合)、版税、其他服务的销售、备件收入和租金收入
现金循环周期	指从支出购买原料投入到回流到公司所需要的时间，对服务来说，就是从公司开始服务运作、支付消费资源的时点开始，至公司收到客户为这些服务所支付的报酬的时间。 计算公式：现金周期时间=供应库存天数+应收账款天数−应付账款天数

指标	定义及计算方式
供应链固定资产回报	包括在计划、采购、制造、交付、回收流程中投入的固定资产的资产回报率。供应链资产回报率可以涉及与供应链相关的任何资产
供应链财务计划成本	与计划供应链材料流程相关的所有成本
订单周期	从下订单到货物收到的整个时间和过程
客户满意度	客户对企业产品和服务的满意程度，可由下列指标来反映：客户获取和维持比率，新客户的获取比率或老客户的维持比率。对潜在的重要合作伙伴而言是关键的销售点
库存水平	指为了创造企业的产品和服务而需要的原材料、在制品、产成品和其他供应品的数量；或者指一家公司控制持有的库存货品的单位及/或价值的数值
运营资本回报率	供应链投入的运营资本与供应链产生的收益之间的比较指标。这个指标可能与任何一个供应链资产相关
回收计划成本	与计划产品回收相关的成本总和

2. 供给 / 需求协同的定量绩效考核

供给 / 需求协同定量绩效考核的指标包括需求预测准确度、供应天数、供给 / 需求计划成本、生产资源与生产需求平衡成本等。每项指标的定义及计算方式如表 6-5 所示。

表6-5 供给/需求协同定量绩效考核指标

指标	定义及计算方式
需求预测准确度	测量需求预测准确度的方式，是预测值占实际发货单位或者货币值的百分比，即1减去预测需求量与实际需求量之差的绝对值，作为实际需求的百分比。需求预测准确度可以以产品单位计算，也可以以销售额来计算。计算公式：1-（|总的差额|/实际总额）
供应天数	度量持有库存的数量与能够维持使用的天数的策略。例如，一种组件每天在制造中消耗100单位，现在持有可供库存是1 585单位，那么就表示有15.85天供应量
供给/需求计划成本	计划供给和需求的相关成本的总和
生产资源与生产需求平衡成本	平衡生产要求与生产资源所需的成本总和

3. 库存管理的定量绩效考核

库存管理定量绩效考核的指标包括库存准确性 / 库存准确度、总平均库存、库存总供应天数、库存周转率 / 库存周转次数、库存速率、库存供应天数、

库存余量位置准确性、库存水平等。每项指标的定义及计算方式如表6-6
所示。

表6-6　库存管理定量绩效考核指标

指标	定义及计算方式
库存准确性/库存准确度	持有的库存数量等于最终余额的时候（加上或减去设定的误差）
总平均库存	正常的平均在用库存+平均前置期库存+安全库存
库存总供应天数	在储备过多和淘汰过时的库存之前，以标准成本计算的总库存价值，包括账面库存和当前整个企业拥有的库存。不包括将来责任如供应商的货物。计算公式：5点年度平均总库存（原材料及在制品、工厂制成品、销售渠道制成品、样品）÷（已出售货物成本÷365）
库存周转率/库存周转次数	商品销售额除以持有的平均库存水平。这个比率衡量的是企业的库存在一段时间内被销售了多少次。具体操作上，周转率是由总销售额除以固定时期的库存水平，即一个企业一年中平均库存更换或销售了多少次
库存速率	库存在一个给定的周期内运转的速度（比如从收货到发货）
库存供应天数	在标准成本下，未储备过剩或报废库存之前的某一品类库存价值的总和（原材料、流程中的部件、半成品和制成品）。它只包括记录在册的、商业实体现时持有的库存，未来的负债（如供应商的货品）不包括在内。计算公式：（5点年度平均总库存）/（交易的日历年价值/365）
库存余量位置准确性	当指定地点持有的库存量与永续余量（增加或减去预定的误差）相等时
库存水平	指为了创造企业的产品和服务而需要的原材料、在制品、产成品和其他供应品的数量；或者指一家公司控制持有的库存货品的单位及/或价值的数值

第三节　采购流程绩效指标定性与定量分析

核心要点

本节主要介绍了采购流程绩效指标定性与定量关键指标，以及它们的考核方法。

实践指导

　　要想做好供应链－采购流程的考核，企业就要了解在采购流程中，供应链绩效考核都考核了哪些定量和定性指标，并根据表格中给出的公式和方法进行考核。

采购流程定性绩效考核

　　采购流程的定性绩效考核主要包括战略采购的定性绩效考核、供应商管理的定性绩效考核、购买进程的定性绩效考核、进料处理的定性绩效考核 4 个方面，我们以表格的形式进行具体介绍。

　　1. 战略采购的定性绩效考核

　　战略采购的定性绩效考核包括成本分析、采购策略、采购合同管理、供应商选择标准与程序、供应商整合、自制－外购、集团购买等，具体内容如表6-7所示。

表6-7　战略采购定性绩效考核

战略采购			
成本分析			
没有建立完善的成本分析系统	←	• 质量和价格作为成本的关键指标考虑，但也会考虑其他指标，如提前期变化性、确定的供给来源等 • 价格分析包括物流成本，含存货持有成本	→	• 通过供应链总体成本分析，优化所有相关流程的总成本 • 在所有成本降低的措施中，完整地分析供应商的成本影响，包括单位成本、数量折扣点、提前期、提前期变化等 • 考虑供应商提供服务的成本影响，例如寄售、供应商管理库存等 • 比较依产出量调节的单位成本分析与基于价格的分析 • 分析并考虑供应商的财务状况和稳定性

战略采购			
采购策略			
没有建立完整的采购策略	←	• 与供应商共同进行成本分解，识别降低成本的机会 • 价格合理增加仅仅在适当的成本部分（如材料、劳动力、物流等） • 与供应商共享流程和应用系统，利用他们的专长	→	• 联合改进措施，系统化降低成本 • 与供应商签订联合服务协议，定义"弹性"水平或者在规定的提前期、在达成一致的条件下探索上游资源的可得性 • 在可能的情况下，采用竞拍形式获得间接材料和采购类商品 • 在产品/服务的开发阶段，采用自动寻源和计划模型评估其他供应来源 • 利用市场情报和供应商关键性评估，决定创造最大竞争力的有效战略
采购合同管理			
没有建立规范的采购合同管理流程	←	• 基于总体采购成本与长期合作的供应商签约 • 合同要求通过"持续改进"方式，在合作期间不断改进成本 • 签订长期协议，允许年度或跨年度合同/采购订单，以降低总的订购成本	→	• 基于总体采购成本与战略伙伴供应商签约，并分享流程改进的收益 • 针对不同品类，采用标准化合同，确保一致性 • 绩效标准包括供需双方的关键业绩指标 • 每年或者多年的采购协议，形成"计划采购订单"，使供应商可以共担风险，也要对供应商提供"采购主计划"透明度 • 在合同协商中采用具有标识和交换能力的电子文档
供应商选择标准与程序			
没有建立规范的供应商选择标准与流程	←	• 在RFI（request for information）/RFP（request for qualification）流程之前定义选择标准 • 采用和强化供应商认证程序 • 选择程序考虑建立长期伙伴关系以确保低成本供应 • 在专业领域中进行供应商能力分析	→	• 在RFI/RFP过程中，与潜在供应商共享选择标准，并认识到这将成为供应商认证和今后绩效管理的基础 • 选择程序考虑现在和将来的企业在各个组织层面的竞争优势 • 基于买方特定的价值标准，对参与投标的供应商进行资质审评，例如质量、安全、财务稳定性等跨功能的团队介入供应商认证过程
供应商整合			
供应商整合程度低	←	• 强化部件/品项的单一来源，受供应商能力限制的例外 • 识别并量化部件/品项的备份采购来源	→	• 对任何指定的SKU/部件/品项，采用单一来源；另外的SKU/部件/品项，建立类似采购来源 • 识别、量化、审核SKU/部件/品项的备份采购源 • 在制定供应商整合措施时，考虑地理因素 • 采用风险评估和规避措施分析，管理可能的供应链中断

战略采购			
自制-外购			
没有分析自制与外购策略	←	• 采用总销售成本方式，对自制零部件的成本与外购这些零部件的总成本进行年度评估 • 在分析中考虑自制与外购的边际贡献率	→	• 采用ABC和边际成本分析方式，对自制零部件和外购零部件的总成本、成本和供应的长期稳定性等进行年度评估 • 也要考虑自制/外购决策对内部产能的利用率和固定管理费用的影响
集团购买			
没有充分利用集团购买策略	←	• 对高价值或者战略性资料制定了集团采购协议 • 多部门/组织内部汇总采购商品，获得杠杆效应 • 对非战略性的应用采用外包 • 在实用的情况下，利用竞拍、交换和交易市场	→	• 对所有原材料/直接原料、零部件和用于维护、维修、运行设备的物料MRO（maintenance, repair & operations）供给进行良好协同采购，最大限度利用协同效应，均衡供应商绩效 • 企业内部门或业务单元的协作，获得最大的杠杆效应，优化业绩 • 采用跨功能团队包括内部/外部的关键客户，确保认可流程的结果 • 采用"竞合"策略，交换、交易市场，协同网络等，增强规模经济和协同作用的杠杆效应

2. 供应商管理的定性绩效考核

供应商管理的定性绩效考核包括供应商战术、供应商参与、供应商评价、供应商绩效、供应商合作关系、工作报告、供应商审计等，具体内容如6-8所示。

表6-8　供应商管理定性绩效考核

供应商管理			
供应商战术			
没有系统的供应商战术	←	• 采用公布的绩效目标评估供应商 • 采用供应商标杆，消除多余流程，利用机会 • 供应商评级与服务水平协议挂钩，包括可供性、质量和其他准则等	→	• 将供应商变成供应链/价值链中起到关键作用的角色 • 与供应商签订供应商管理库存VMI协议，给供应商透明度，使供应商在对双方都是最低成本的水平上管理库存（补货） • 供应商管理库存VMI协议包括对预测/需求数据的共享 • 适当采用供应商持有库存SOI（supplier-owned inventory）的寄售协议，在减少资产占用和循环周期的同时，增加关键品项的可供性

供应商管理		
供应商参与		
供应商未参与供应链管理	← • 通过联合改进方案，提高高级别供应商的绩效水平目标 • 高级别供应商的主动介入，包括新产品的合作开发	→ • 供应商的专长得到认可，并给予适当的回报 • 所有关键供应商共同对顾客满意度负责 • 供应商的主动介入，包括新产品的开发和供应链流程支持 • 与供应商关系的有效性可用于对产品创新的贡献 • 现场供应商代表完全参与供应链的相关活动，如战略规划、沟通会议和定期绩效评估
供应商评价		
没有建立规范的供应商评价系统	← • 定期举行会议（例如季度业务检讨），采用共同确定的成本和服务标准进行评价 • 所有参与方理解并遵守报告需求 • 建立、跟踪并沟通绩效指标	→ • 基于总购置成本和总服务水平，供应商自我评价 • 季度检讨例会，关注双方联合改善的机会 • 实时更新、共同检查绩效指标/计分卡 • 对绩效指标采用统一定义 • 采用非线性加权的平衡计分卡度量关键绩效指标
供应商绩效		
没有实施供应商绩效管理	← • 延迟交付或者不完全交付和/或缺陷交货包括在建立的指标中 • 产品管理部与供应商共同寻找缺陷产生的根源，制定解决问题的方案 • 签署有效的供应商质量担保措施 • 绩效指标包括质量、成本、时间和服务	→ • 产品管理部在现场与供应商共同寻找缺陷根源并改进，确保零缺陷 • 无缺陷产成品/部件的完好准时交货率达到99.9% • 供应商评级与绩效挂钩 • 将发票抵扣原因代码作为流程改进的数据源之一 • 与重要供应商增进效益共享的机会（通过持续改进共享成本节约成果） • 在最低产量承诺内尽可能共享超越极限目标的利益
供应商合作关系		
没有规范处理供应商关系	← • 采用"双赢"哲学，积极维持合作关系 • 按战略价值区分供应商的合作关系 • 聘请质量和流程专家解决出现的问题 • 多层次接触，定期访问供应商的公司或工厂	→ • 供应商专家常驻现场提供服务 • 建立确定的互访程序和结构化改进计划，包括举办正式论坛，促进积极交流 • 按照供应商的重要程度进行管理 • 战略联盟由首席执行官CEO（chief executive officer）和首席财务官CFO（chief financial officer）级别的高层管理者参与，指导合作关系
工作报告		
没有建立工作报告流程	← • 对主要客户（不是全部）采用工作范围说明SOW（statement of work） • 通常采用本地化的工作范围说明	→ • 在整个组织内部沟通达成一致的基础上，采用标准程序和标准化的工作说明书 • 编制全球化的标准工作说明书SOW框架，包括全球指导团队、核心绩效指标，本地负责建立各自内容和标准

供应商管理		
供应商审计		
没有建立规范的供应商审计	← · 由供应商谈判和审批程序之外的第三者审计供应商绩效 · 审计发现的问题通常在发生的时候得到重视并得到处理	→ · 关键供应商要求全面认证，并进入持续审计和评估程序 · 采用客观的第三方审计，发挥评估能力，改进整个评估流程 · 构建好的流程，程序化地明确审计结构、程序和工具的有效性

3.购买进程的定性绩效考核

购买进程的定性绩效考核包括重复购买、分散采购授权、采购功效、支付系统等，具体内容如表6-9所示。

表6-9 购买进程定性绩效考核

购买进程		
重复购买		
无法解决重复购买	← · 总括购买订单涵括期间的需求 · 根据期间需求生成的总括订单，使用通知到货 · 清楚了解供应商产能，在提前期和购买系统的数量约束中反映出来	→ · 日常采购通过业务系统（如看板等）自动产生，使补货率与消耗率同步 · 系统自动生成采购订单，省略采购申请的审查 · 稽催被认为是非增值功能——开发新流程替代稽催需求 · 与供应商共享生产计划、MRP和维护计划，提高补货准确度 · 用于维护、维修、运行设备的物料MRO、非物料清单BOM（bill of material）物料供应商名录和标准价格向持续性采购员开放
分散采购授权		
采购授权不明确	← · 明确程序，允许由个人、采购员或管理层基于成本授权采购 · 授权以正式的业务规则为基础	→ · 系统设定授权参数（业务规则） · 采用采购卡（P-卡）控制离散采购 · 根据预先设定的员工级别，系统自动授权
采购功效		
采购功效低	← · 跨功能团队参与采购来源决策，采购员谈判合同 · 采购员负责供应来源的再评估以及采购订单管理	→ · 采购员专注战略采购，参与产品及工艺的设计和变更 · 在产品创新、新产品开发和服务设计采购流程中的参与角色非常重要 · 总生产率表示为总可变成本、总固定成本和总成本的百分比

购买进程			
支付系统			
无支付系统	←	• 根据总括订单集中开据月结发票 • 依收货支付，对高交易量供应商采用自助开票系统	→	• 适当使用自助开票系统、价格稳定、反冲、在线支付和电子资金转账等手段 • 支付以使用点的消费额为基础

4. 进料处理定性绩效考核

进料处理的定性绩效考核主要包括信息交换、电子商务，同步计划，批量、提前期，整体交付协同等，具体内容如表 6-10 所示。

表6-10　进料处理定性绩效考核

进料处理			
信息交换、电子商务			
信息交换没有电子化	←	• 主要通过定制界面自动进行 • 行业标准化的交换格式	→	• 通过互联网全部自动进行信息交换 • 采用基于可扩展标记语言XML（extensible markup language）的标准和系统 • 采用条码和射频识别RFID（radio frequency identification）兼容的系统、数据格式和标签技术
同步计划			
物料与生产不同步	←	• 根据预定时间按计划送达越库设施 • 在使用之前、在每个工班结束时直接送到生产线	→	• 对没有包括在按订单制造的物品，采用直接送货到库存点 • 对按库存生产的产品，当班物料直接送到生产线 • 运送单元按照使用的顺序排序，以便先使用先从托盘或拖车取出
批量、提前期			
物料进货没有优化，提前期长	←	• 按照存储空间和运输效率优化批量和通知到货	→	• 基于相互制约和能力，优化公司与供应商之间的库存、空间、运输和包装
整体交付协同			
整体物料交付协同性低	←	• 供应商按合同规定的时间、批量、包装、销售条款、恰当的运输方式和配合的承运商送货	→	• 供应商送货到使用点，与生产协同，最小化库存和搬运 • 供应商物流与公司流程匹配，使双方的供应链成本最小化 • 按照目标客户拆解进向货物，控制进向线路决策

● 采购流程定量绩效考核

采购流程定量绩效考核同样也是从战略采购的定量绩效考核、供应商管理的定量绩效考核、购买进程的定量绩效考核、进料处理的定量绩效考核4

个方面进行介绍。

我们先介绍一下采购流程的关键绩效指标，包括采购周期、累计采购／制造周期、物料购置成本、库存供应天数、产品获取成本、完成订单／产品线所需物料采购比例、产品管理和计划成本占产品获取成本的比重、采购成本占产品获取成本的比重等。每项指标的定义和计算公式如表6-11所示。

表6-11 采购流程关键绩效指标

指标	定义和计算公式
采购周期	从采购方决定订货并下订单到供应商确认、订单处理、生产计划、原料采购(有时)、质量检验、发运(有时为第三方物流)最终到收货的整个周期时间
累计采购/制造周期	制造可发运产品的累计内外提前期，假定无持有库存、无原料或零件订单和不存在对现有供应商预先预测。（供应链总响应时间的一个要素） 计算方式是跟随下列要素的关键轨迹：总采购提前期，制造订单投入生产，总制造周期（按订单制造，按订单设计，按订单组装/包装）或者制造周期（按库存制造），完整的从制造到发运的时间。 注意：根据按订单制造、按订单组装/包装、按订单设计和按库存制造决定算法
物料购置成本	企业供应链总成本的构成要素之一，主要包括下列成本： 物料（产品）管理和计划：与供应商选择、合同谈判及资格确认、采购订单的准备、下单和追踪等相关的所有成本，也就是包括与买方/计划人员相关的所有成本； 供应商质量工程：与供应商确定、供应商标准制定、供应商能力监督使之满足适用的质量和规范需求相关的成本； 内向运费和关税：物料从卖方到买方移动产生的运费成本，包括所有相关的管理费用（关税是送达采购物料通过海关时，由政府征收的税费），报关代理费也应包含在此类费用之中； 收货和存放：接收物料和存储物料所产生的所有成本（库存持有成本通常会由独立的工作报表统计）； 收货验收：物料和产品从采购到生产进行检验和测验所产生的所有成本
库存供应天数	在标准成本下、未储备过剩或报废库存之前的某一品类库存价值的总和（原材料、流程中的部件、半成品和制成品）。它只包括记录在册的、商业实体现时持有的库存，未来的负债（如供应商的货品）不包括在内。 计算方式：（5点年度平均总库存）/（交易的日历年价值/365）
产品获取成本	生产产品所发生的成本，包括生产计划和管理成本的总和，供应商质量控制、进向运输和关税、收货、检验、产品储存、产品加工和工具制造等方面的成本
完成订单/产品线所需物料采购比例	（完成订单/产品线所需物料总额÷所需采购物料总额）×100%
产品管理和计划成本占产品获取成本的比重	$\dfrac{产品管理和计划成本}{总产品获取成本} \times 100\%$
采购成本占产品获取成本的比重	$\dfrac{采购成本}{总产品获取成本} \times 100\%$

1. 战略采购的定量绩效考核

战略采购定量绩效考核的指标包括采购流程制定时间、采购流程制定成本、原材料库存供应天数等。每项指标的定义及计算方式如表6-12所示。

表6-12　战略采购定量绩效考核指标

指标	定义及计算方式
采购流程制定时间	与制定采购流程活动相关的时间支出
采购流程制定成本	与制定采购流程活动相关的成本支出
原材料库存供应天数	$\dfrac{\text{原材料价值}}{\dfrac{COGS}{365}} \times 100\%$

2. 供应商管理的定量绩效考核

供应商管理定量绩效考核的指标包括潜在的合格供应商比例、在供应商提前期内变更的计划比例、供应商识别周期、供应商资格认证周期、供应商选择周期、供应商识别时间与／或费用降低率等。每项指标的定义及计算方式如表6-13所示。

表6-13　供应商管理定量绩效考核指标

指标	定义及计算方式
潜在的合格供应商比例	$\dfrac{\text{合格供应商数量}}{\text{总供应商数量}} \times 100\%$
在供应商提前期内变更的计划比例	$\dfrac{\text{在创新高的提前期内排程变化的次数}}{\text{考量期内总交货计划的次数}} \times 100\%$
供应商识别周期	供应商鉴别所花费的总天数
供应商资格认证周期	认证供应商资格所需要的天数
供应商选择周期	选择供应商所需要的天数
供应商识别时间与/或费用降低率	供应商识别所使用的时间或费用减少的量与原来所需要的时间和费用的比率

3. 购买进程的定量绩效考核

购买进程定量绩效考核的指标包括物料平均支付周期、订货周期、电子数据交换 EDI（Electronic Data Interchange）支付等。每项指标的定义及计算方式如表6-14所示。

表6-14　购买进程定量绩效考核指标

指标	定义及计算方式
物料平均支付周期	从收到生产相关物料到支付这批物料货款的平均时间。生产相关物料是物料采购中的一个分类，作为原料购买成本包括在销货成本之中。（现金周期的一个要素）
订货周期	涉及从订单安排到装运收货的整个流程和时间
EDI支付	通过EDI支付的发票数占总发票数量的比例

4. 进料处理的定量绩效考核

进料处理定量绩效考核的指标包括进向运输毁损率、进向运输准时率、能力利用率、无项目和数量验收的收货收据比例、无质量验收的收货收据比例、节约运输时间与/或费用降低率、订单/产品线所需物料接收的无缺陷率、订单/产品线所需物料按需求准时接收率、收货成本占产品获取成本的比重、收货周期、在途时间、订单/产品线收货单证准确率、验货周期等。每项指标的定义及计算方式如表 6-15 所示。

表6-15　进料处理定量绩效考核指标

指标	定义及计算方式
进向运输毁损率	$\dfrac{进向运输产品中毁损产品数量}{运输的总产品数量} \times 100\%$
进向运输准时率	（产品按需求准时到达运输数量÷总运输数量）×100%
能力利用率	使用资源生产产品或服务的强度指标 能力利用率考核的因素包括内部制造能力、约束流程、直接劳动力供给能力、主要零部件/原材料供给能力
无项目和数量验收的收货收据比例	$\dfrac{无项目和数量验收的收货收据数量}{总收货收据数量} \times 100\%$
无质量验收的收货收据比例	$\dfrac{无质量验收的收货收据数量}{总收货收据数量} \times 100\%$
节约运输时间与/或费用降低率	节约的运输时间或节省的费用占总运输时间和总费用的比例
订单/产品线所需物料接收的无缺陷率	$\dfrac{无缺陷订单/产品线数量}{总订单/产品线总数} \times 100\%$

指标	定义及计算方式
订单／产品线所需物料按需求准时接收率	$\dfrac{考量期内按需求准时接受的订单/产品线数量}{总需求订单/产品线的数量} \times 100\%$
收货成本占产品获取成本的比重	$\dfrac{与收货相关的成本总额}{产品获取成本} \times 100\%$
收货周期	从产品收到到进入下一个流程的时间长度
在途时间	接到装运通知至产品送达花费的总时间
订单/产品线收货单证准确率	$\dfrac{考量期内单证准确的准时收货的订单/产品线数量}{需求订单/产品数量} \times 100\%$
验货周期	产品检验的时间长度

第四节　制造流程绩效指标定性与定量分析

核心要点

　　本节主要介绍了制造流程绩效指标定性与定量分析，以及它们的计算公式和考核方式。

实践指导

　　要想做好供应链－制造流程的考核，企业就要了解在制造流程中，供应链绩效考核都考核了哪些定量和定性指标，并根据表格中给出的方式进行考核。

制造流程定性绩效考核

　　制造流程的定性绩效考核主要包括制造－产品工艺的定性绩效考核、伙伴关系和合作的定性绩效考核、产品或服务定制化的定性绩效考核、制造流程的定性绩效考核、精益制造的定性绩效考核、制造基础架构的定性绩效考核、支持流程的定性绩效考核等 7 个方面，我们以表格的形式进行具体介绍。

1. 制造 - 产品工艺的定性绩效考核

制造 - 产品工艺的定性绩效考核包括产品工艺、新品开发、制造 / 装配设计、时间和成本等，具体内容如表 6-16 所示。

表6-16　制造-产品工艺定性绩效考核

制造-产品工艺		
产品工艺		
没有建立规范的产品工艺流程 　←	• 具有正式的产品工程流程 • 具有正式的新品上市流程NPI • 向新品上市流程反馈至少最低限度有效 　→	• 具有合适的流程以改变竞争者产品和服务的地位，并把最佳设计实践引入新产品/服务 • 客户和供应商适时参与产品工程 • 产品工程在线合作流程和工具是可获得和可使用的 • 对"产品工程"导致的节约/改进程度具有考核标准 • 人力因素设计考虑不同场景的使用，如家庭、办公室、工作区域等 • 具有合理的反馈流程为产品设计及时提供反馈信息，以实现成本节约，包括制造、检验和部件采购等各个环节 • 事先告诉合作伙伴新品研制路线图，参加每季度召开的技术研讨会，暴露产品问题，以便设计最优化和资源利用最大化
新品开发		
没有建立规范的新品开发流程 　←	• 新品开发已经开始形成跨部门的开发团队 • 大部分内部部门有代表，但是客户和供应商还没有成为团队的一部分 • 多数工程人员熟悉精益理论，成本和进度成为关键流程指标 　→	• 新品开发流程由成员来自各部门的综合产品团队IPT（integrated project team）驱动，不管这些成员是全职还是兼职 • 关键供应商IPT中有代表，必要的情况下，也可以邀请客户参加 • 新品开发十分注重满足客户需求、目标定价和快速批量生产的可行性 • 在新品开发团队内，精益产品开发方式被充分接受和整合，主动减少浪费的思路和项目始终贯穿整个产品工程

制造-产品工艺		
制造/装配设计		
没有建立规范的制造装配设计流程	←	• 客户和供应商参与某些设计，部分使用通用平台 • 部分供应商建立伙伴关系 • 组装和制造只在产品设计之后获得投入	→	• 使用并行工程技术 • 采用自动系统支持产品设计DFM/A(比如计算机自动识别合格的通用部件，给产品评分以简化组装职能等)，确保最大限度地减少设计和装配中的多余和无效劳动 • 老式的、在生产的产品重新设计以简化制造和组装
时间和成本		
产品开发时间长，成本高	←	• 产品效益是驱动力，成功的方式是减少开发时间和成本 • 很少关注制造或支持系统的流程和成本	→	• 低成本的开发和首先进入市场是产品开发流程的关键驱动因素 • 开发的焦点是节约和改进最后效益 • 即使不是总是也要经常地为达到和超过目标而制定明确的激励措施

2. 伙伴关系和合作的定性绩效考核

伙伴关系和合作的定性绩效考核包括客户伙伴关系、供应商伙伴关系、最终使用者伙伴关系、渠道伙伴关系和团队工程等，具体内容如表6-17所示。

表6-17　伙伴关系和合作定性绩效考核

伙伴关系和合作		
客户伙伴关系		
没有建立规范的客户伙伴关系流程	←	• 具有一个积极的客户满意度计划，一些相关成员能意识到在客户满意过程中他们的角色 • 公司大约每年对客户进行一次满意度调查 • 向客户咨询关于新产品/服务或者对当前产品/服务的要求 • 产品概念包括客户特别包装要求 • 第一项检查应包括客户表扬	→	• 具有一个积极的、战略的客户满意度计划，所有成员都意识到他们在客户满意过程中的角色 • 公司每年至少进行4次客户满意度问卷调查 • 完善合作伙伴式的产品设计和流程，包括供应商、内部团队和客户代表 • 有现成的评估方式能够评估现有产品工程的成败状况 • 客户参与售后战略，包括包装材料的再次循环，以及回收/再利用等过程 • 公司和客户共同参与行业标准制定组织

伙伴关系和合作				
供应商伙伴关系				
没有建立规范的供应商伙伴关系流程	←	• 存在和关键供应商的长期合作关系 • 将某些供应商的专才用于设计或提炼产品/服务 • 存在最低限度的书面协议，以识别风险、指定交付、质量预期和防止双方的存货短缺 • 在短期和长期项目要求/预测中有协作	→	• 关键供应商在新产品/服务设计中扮演关键角色 • 供应商专才充分运用于设计或提炼产品/服务 • 为了识别产品的组成，在设计中，次级供应商也被包括在内，无论他们供应的物品是正在产品中使用的、即将可能使用的还是容易获得的，甚至是跨平台的通用件 • 坚持不懈，优化关键供应商，并有适当后备 • 供应商对质量保证和指标承担最大限度的责任
最终使用者伙伴关系				
没有建立最终使用者伙伴关系流程	←	• 最终使用者定期参与项目 • 存在反馈环节，形成一个包括客户需求在内的流程闭环 • 关注特定用户群，以了解/评估新的产品和现有产品	→	• 在设计流程中，最终使用者被充分整合 • 客户满意最后产品/服务设计
渠道伙伴关系				
没有建立销售渠道伙伴关系流程	←	• 渠道伙伴已经定期参与项目 • 存在反馈环节以关闭客户要求缺口 • 考虑不同的包装、分销方法和其他独特要求，以产生不同渠道策略	→	• 渠道伙伴，包括运输商和分销商，充分整合进整个流程 • 具有有效措施，以确保渠道伙伴参与成功 • 包装和产品差异设计使渠道伙伴在产品使用和安装上有灵活性 • 运输和分销伙伴参与关于运输层面的包装决策
团队工程				
没有实施产销合作团队合作	←	• 单个部门合作作为一个跨职能团队，充分沟通以设计和引入新产品/服务	→	• 完全灵活的、联合定位于跨职能的设计或交付团队，与供应商、客户和渠道有紧密合作 • 实施制造能力实践设计 • 团队使用头脑风暴方法以促进流程持续改善（kaizen）

3. 产品或服务定制化的定性绩效考核

产品或服务定制化的定性绩效考核包括产品 / 服务声誉、产品 / 服务管理、产品／服务配置、制造能力、延迟生产能力、系统支持等，具体内容如表 6-18 所示。

表6-18 产品或服务定制化定性绩效考核

产品或服务定制化		
产品/服务声誉		
没有建立产品/服务品牌 ←	• 客户感觉公司有充分的能力实现卓越	→ • 产生卓越的引领市场的品牌，并且有客观的客户数据支持
产品/服务管理		
没有建立产品/服务管理流程 ←	• 产品/服务的提供和范围得到很好的控制 • 使用结构性流程更新产品/服务范围 • 以准确的关于市场和成本的信息为基础，起草和管理合同 • 联合制定和沟通适用性标准	→ • 具有结构化、书面化的流程，以控制和修订产品/服务退出过程 • 质量管理体系获得认证 • 具有专门的团队，定期评估和校正管理范围 • 正式的产品生命周期管理流程PLM（product lifecycle management）与自动产品设计活动并存
产品/服务配置		
没有建立配置产品/服务流程 ←	• 具有产品/服务模块化范围； • 部分必要的工程以满足客户配置要求 • 能够减少工作量的材料清单方式刚刚实施，但是在设计流程之后才能组合进来	→ • 具有充分灵活和连接模块化的产品/服务范围 • 产品/服务配置对客户是透明的 • 设计和制造部门之间充分协调，以减少冗余部件的设计和促进通用部件的利用
制造能力		
不能够经常支持制造能力 ←	• 公司通常能够支持要求的配置和设计	→ • 公司内部和外部合作伙伴能够支持必要的产品/服务配置和设计 • 产品或服务配置作为供应链流程的整合部分而建立 • 在决定能力中，公司已经组合了可度量的敏捷性计划
延迟生产能力		
没有建立延迟生产流程 ←	• 小批量、按订单建造的产品的最终组装和包装延至收到订单时进行 • 产品设计考虑快速成型和按订单组装/建造 • 部件以成套存放但并非按使用顺序组织 • 对于许多工作区域，通用零部件在共用工作区以箱存储，操作人员负责从通用箱中识别/挑选合适的零部件	→ • 具有正式的延迟战略，以减少成品库存 • 分销和物流合作伙伴参与延迟流程中的组装和包装 • 部件以组织好的成套形式存在，由部件代码进行可视性识别 • 在工作现场保持通用库存，使用箱柜系统类型以补充 • 采用模板或影像板标识通用零部件储存柜，防止取错部件

产品或服务定制化		
系统支持		
没有建立系统支持流程	← • 对于多数面向客户的雇员，有一个有效的设计/配置系统 • 某些客户和供应商能够接触有限的设计/配置数据	→ • 以实用为目的，使设计/配置系统与价格、成本和订单输入系统充分整合，简单明了，并使雇员、客户和供应商方便、可得

4. 制造流程的定性绩效考核

制造流程的定性绩效考核包括生产计划、过程设计、生产平衡、生产协同、绩效考核、现场设计、流程协同、过程控制、生产变更等，具体内容如表6-19所示。

表6-19　制造流程定性绩效考核

制造流程			
生产计划			
没有建立规范的生产计划流程	←	• 生产循环周期明确，整个工作可以按照既定工作标准和流程有序进行 • 员工可以自行排序自己的工作作业 • 管理层定期根据时间计划评估进度 • 存在提示或预警以防止潜在的过失，错过最后期限 • 雇员依靠监督者来管理例外事件	→ • 循环时间标准化，等同于或稍微少于时刻占用时间之和 • 具有整合的、自我管理/优化管理系统（比如看板管理） • 为客户提供全天候标准化服务，比如OTIFNE（OT指交货准时，IF指交货充足，NE指交货无差错） • 具有由客户订单、客户优先权/分批、利润和原料可供性驱动的动态排程能力 • 组织已经采用和实施了适用于他们的市场、流程和产品的生产哲学和标准，比如以约束为基础的计划、大规模用户化、精益制造、准时生产JIT（just in time）/质量控制QC（quality control）等 • 在每一个新产品的开始阶段与客户一起举办产品投放会议 • 采用预测性分析，避免产品和原料短缺等

制造流程				
过程设计				
没有建立过程设计流程	←	• 书面化和公布所有程序/表格 • 尽管详细的工作说明已经被阅读以理解工作顺序（确实不只是摆摆样子），但是，还是要规定工作顺序，公事公办 • 根据产品线摆放机器，但还没有以蜂窝式摆放 • 使用某些可视控制技术——监督者能够分辨工作区域没有正常运转	→	• 标准工作综合点检表展示于每一个标准工作布局位置上的每一个操作工 • 整个过程产品流、标准在制品（在制品）和工艺文件/展示的程序/表格必须严格匹配 • 按顺序排列的流程和工作单元被明确规定，并展示在显眼的位置 • 整个设施完全按蜂窝式布局，在适当时间同步给下一水平的单元，避免单元之间的在制品 • 多技能工人在工作单元中被合理安置，在整个工作单元中全部有支持职能，使用团队方式 • 执行的实时状态明显、视觉控制清晰到能够容易地被任何一个大步走过而不影响步伐的人理解 • 限制条件事先设定，在危及客户利益之前就对工人提出警示 • 对任何不良表现，工作单元的视觉控制体系都能立刻做出反应 • 头脑风暴方式定期执行，持续完善计划始终贯穿企业内部，并非必须由问题驱动企业进步
生产平衡				
没有建立生产与销售平衡的流程	←	• 存在小批次和短的提前期 • 工作单元或生产线的瓶颈得到快速应对，由管理层解决，但是任务之间存在存货缓冲	→	• 提前期接近等于过程时间 • 工作标准化，产量均匀化，以周（甚至是天）为基础匹配销售 • 通过看板和节拍时间建立一体化工作流，用于通过工作单元拉动工作（尽可能） • 以节拍时间控制流程节奏，在操作岗位之间除标准在制品之外没有多余零部件堆积 • 实际生产运转时间等于节拍时间，并且执行结果可视化

制造流程			
没有建立生产与销售平衡的流程	←	• 工作水平相对平稳但或许与销售组合不很匹配 • 生产在已建立节拍时间的上下20%幅度内运转 • 建立在制品目标	→	• 自我指导的团队再次分配任务以平衡工作单元或生产线——交叉培训是非常重要的，工作平衡贯穿全工厂 • 通过在线排程技术以解决平衡/需求/供应约束问题 • 建立和监视标准在制品水平

生产协同			
生产过程协同程度低	←	• 协同制造或服务交付的布局以最大化产品/服务流 • 工作站是集成的 • 原料处理和在途距离是最小化的但没有完全整合 • 启动时间得到持续性测量——一些内部和外部的隔离时有发生	→	• 设备以灵活、单元组织式或其他合适的工作分布方式摆放和组织 • 原料和雇员移动完全流线型整合 • 建立自动化（jidoka）手段，使设备能够识别不可接受的质量 • 启动时间少于10分钟，变换在一个循环周期时间内完成 • 应用六西格码，精益原则和ISO制造标准，并定期升级 • 设备组织符合诸如准时生产原则，利用合适的货台、货箱和传送装置拉动到使用点 • 分拣中心围绕灵活的工作中心组织 • 适当时将看板流程整合进设施、生产线和设备

绩效考核			
没有建立绩效考核指标体系	←	• 公布绩效考核方式，通过监督推动改进 • 以准时和定期为基础，在前线水平收集和分析数据 • 绩效数据通常用于找出不达标的绩效 • 在管理层监督下，质量控制或工作组团队以客户绩效目标和企业内部目标（比如启动时间和变动成本）为基础提高流程等级	→	• 全球标准措施和定义存在于公司各个部分以及供应链伙伴之间 • 自我指导的绩效改进团队使用绩效措施以前瞻性识别和执行获得改进机会 • 关键考核具有卓越导向作用，并且是可见的，关注客户价值增加，保持客户和公司的目标和目的一致 • 在最低水平上建立定期评审目标绩效回报和补偿与绩效考核挂钩 • 考核是实时的并由相关部门跟踪 • 顶级水平组装线能追溯到使用的单个零部件、操作工以及工段

制造流程				
现场设计				
现场设计不够规范、科学	←	• 定制的工作辅助手段帮助减少身体和工作场地压力 • 安全团队基于职业安全与健康标准OSHA和时间损失报告评估工作环境 • 工作场地设计利用可获得的空间和设施	→	• 工位设计符合人体工程学，存在合适的流程以持续性降低身体和工作压力以及不必要的劳动 • 安全和员工舒适性被整合进工作场地设计 • 工作场地设计结合了外部合作伙伴的空间和设施 • 流程是工程化的以持续交付无缺陷产品
流程协同				
生产流程协同程度低	←	• 协同内部流程以实现最佳结果 • 内部和外部流程协同以协调进向收货、制造要求（采用到使用点的拉动而不是放置一边）等环节 • 工作场地是干净和有秩序的	→	• 内部和外部流程是协同的，而且是以客户为焦点的 • 协同由关键客户、供应商和独立第三方定期甄别和认可 • 固定地对内部和外部活动进行流程再造，以最大限度地减少零增值工序 • 进向和出向协同——进向收货、拆包与回收再循环协同 • 将消费拉动、倒流等流程整合进应付账款 • 应用5S原则并定期更新
过程控制				
没有建立生产过程控制流程	←	• 具有部分无差错识别系统设备和培训良好的操作人员，并能正确操作 • 具有基本规律，用于分析流程事件或问题 • 具有操作工认证制度或类似流程，经过认证的操作工，经过自我检查，无须在后续工序再次检查	→	• 广泛配备具有无差错识别系统的设备，具有明确的改进目标，并已经图表化或量化 • 当失控条件出现时，设备能够自动终止流程 • 在用的流程实行100%的自我核实——可以要求例外，比如ATP测试、震动测试、环境测试等 • 采用一套先进的统计流程控制措施SPC（statistical process control）并分析结果 • 应用统计流程控制工具（运行图、柱装图、图表等）减少变异和识别主要改进选项 • 定期评估、审计和持续改进统计流程控制程序 • 统计流程控制结果反馈到流程设计以合并进生产过程

制造流程
生产变更

没有建立生产变更的规范流程	←	• 分析和理解改变方式 • 在运行时间内所有例外的作业完成 • 多数内部流程运行顺利 • 存在正规流程以管理和执行工程变更指令（engineering change order，简称ECO）/工程变更通知（engineering change notice，简称ECN） • 在改变后的第一时间内对第一件产品进行检查，确保产品/服务和服务质量持续正确	→	• 在改变的时间和效果中应用持续改进实践 • 采取措施确认改变得以有效实施 • 在改变中整合应用最优排序技术 • 用电子手段、通过网络支持的程序管理ECO和ECN，使改变能够立即从要求移动到生产环节 • 与合作伙伴分担改变成本，双方共同管理多余库存的风险，积极均衡改变的成本和时间成本

5. 精益制造的定性绩效考核

精益制造的定性绩效考核包括管理承诺、精益愿景和战略、精益文化、精益组织架构、精益培训、精益原料管理、六西格玛、营销和客户服务、财务服务、人力资源和信息技术等，具体内容如表6-20所示。

表6-20 精益制造定性绩效考核

精益制造
管理承诺

没有引入精益制造概念	←	• 管理层学习过精益概念，已经决定采用这一哲学，但还没有设置一套正规的流程	→	• 管理层精通精益，已经建立一个正式的执行团队，并分配每个人在精益行动中的责任 • 精益被确立为公司指导业务的方式

精益愿景和战略

没有建立精益愿景和战略	←	• 管理层有书面的愿景、使命和战略，并且向管理团队沟通 • 管理团队已经接受这一方向，或许还没有完全把握精益企业的愿景，但是正在努力	→	• 管理层有一个制定好的、针对所有设施的愿景，已经制定了执行精益的战略，已经有了能够充分支持愿景的运作目标 • 方向已经公布，并已经传递到整个组织 • 存在有效沟通战略，以促进以固定周期为基础的进展和机会的双向沟通 • 整个企业完全参与执行精益远景、使命和战略

续表

精益制造				
精益文化				
没有建立精益文化	←	• 文化变革流程已经开始 • 已经建立交流论坛 • 变革要求已经被定义并和全体员工沟通 • 变革的基层领导已经确定，并教育他们变革要求和如何影响变革	→	• 具有持续改进的文化 • 员工认识到机会，在所有层面自愿实施正面改变，不用管理层催促 • 员工理解他们执行改变的能力水平 • WIIFM（what in it for me）原则"跟我有什么关系"的问题已经在所有层面得到讨论并被理解和接受 • 取得成功并得到认可和相应的奖励
精益组织架构				
没有建立精益组织架构	←	• 基础架构已经引起重视，并完成基本沟通 • 基础架构在发展之中 • 在公司层面和流程层面，已经确定关键人物 • 拥护者已经被确认	→	• 存在精益设施 • 促成者、团队领袖、培训、方式和工具得到发展 • 积极实施变革
精益培训				
没有制订精益培训计划	←	• 人力资源管理部门和培训人员在精益概念方面得到培训并行使责任，但培训流程刚刚开始	→	• 所有业务领导和关键个人已经在精益哲学和概念方面得到培训 • 所有相关业务成员在精益概念方面和对他们职能工作必需的特殊工具方面得到培训 • 所有运作部门将培训目标作为年度业务目标的一部分 • 所有新雇员被介绍精益作为他们的基本导向 • 对所有业务领导持续进行的培训是关键标准
精益原料管理				
没有制订精益原料管理计划	←	• 物料管理团队得到精益概念方面的教育，已经决定采用这一哲学	→	• 物料管理团队对精益有很好的认识，已经建立了一个正式的执行团队，已经在精益概念方面培训了原料团队中的大多数员工 • 物料管理部门有充分整合供应商的管理计划，反映供应方状况的事件管理团队IMT（incident management team）和设计方面的综合产品团队IPT联手合作

精益制造			
没有制订精益原料管理计划	←	• 供应商已经就即将发生和影响到当前供应商关系的变革交换过意见	→	• 存在供应商资质认证计划，并有供应商认证和持续考核的标准 • 以精益、零库存、使用点交付、看版补货等原则，建立供应商伙伴关系 • 多数原料交易通过互联网或其他无缝电子商务划拨机制实现

六西格玛			
未引入和执行六西格码方式	←	• 六西格玛意识已经贯彻，至少已经完成一个成功的项目 • 尚未采用项目识别的系统方式，没有正规的程序	→	• 六西格玛绩效是公司愿景的一部分，或是一种文化建设 • 项目得到战略性识别、导入，并与公司绩效指标和目标协同 • 降低变异是一种确立的绩效指标

营销和客户服务			
营销和客户服务标准方面未引入精益概念	←	• 市场营销管理层意识到精益运作并有兴趣 • 营销和销售已经认识到有必要建立客户服务目标和标准以有效运作 • 他们积极追求发展和关键客户的必要关系 • 企业其他部门正在被考虑为客户服务组织的现行部分	→	• 市场营销和销售承认客户关注是全公司层面的问题，积极参与创造全公司/客户意识计划 • 客户要求和客户需求被视为公司的关键指标 • 客户服务反馈几乎是一个持续的流程，客户投诉被给予最高优先权以便及时拿出解决方案 • 所有相关成员作为客户代表培训，随时准备处理客户接洽

财务服务			
财务服务没有采用精益概念	←	• 财务、会计和成本会计人员在部门更高水平上意识到精益概念 • 他们已经开始接受教育，将运作转换到精益哲学上并支持该计划，但是还没有完全意识到财务在支持精益中的角色	→	• 财务、会计和成本核算完全整合成为精益哲学，被视为该团队的一部分 • 修改财务报告和预算，以支持精益哲学、以需求为基础的生产和零库存

人力资源			
人力资源服务没有采用精益概念	←	• 人力资源管理部门和负责人已经开始将教育和运作转换到精益哲学上 • 还没有完全意识到在支持精益中他们的角色	→	• 人力资源完全整合进精益哲学，被视为团队的一部分 • 具有以团队为基础的关键支持措施，包括以技能为基础的支付系统、自我指导的工作团队、以需求为基础的培训、教育和季度成员满意系统

06

供应链绩效考核第 4 步：开始考核

精益制造		
信息技术		
信息技术管理没有采用精益概念	← • IT管理部门和主要负责人已经开始将教育和运作转换到精益哲学上并支持该计划，但是还没有完全意识到在支持精益中他们的角色	→ • 信息技术完全整合进精益哲学，被视为团队的一部分 • IT已经在当前的ERP系统中做了必要的修改以适应以需求为基础的生产的精益哲学，已经实施以精益为基础的业务系统 • 报告结构已经修改，为使用者提供实时数据以管理业务，多数批处理已经取消

6.制造基础架构的定性绩效考核

制造基础架构的定性绩效考核包括培训、一岗多能、团队和团队的有效性、安全、质量、预防性维护、预防性行动、应急措施和沟通等，具体内容如表6-21所示。

表6-21　制造基础架构定性绩效考核

制造基础架构		
培训		
没有建立系统的培训计划	← • 适当的岗位标准，将安全、保护措施等作为新雇员培训的一部分 • 存在安全团队，培训同事人员	→ • 可视的培训辅助工具和材料，帮助雇员发展超过当前任务要求的技能 • 具有确定的成功和发展计划，伴随以绩效和结果为基础的保留力和促进力 • 具有社会和环境标准及培训，并得到强化 • 对操作工所有在制品，在线文件是随时可得
一岗多能		
未实施一岗多能	← • 多数工作由多技能雇员覆盖 • 很多雇员在其他工作方面得到交叉培训——在一个工作单元内的大部分岗位上，操作工可以运用不同的工作技能，完成不同的工作	→ • 每一个过程中的所有工作都能被熟练覆盖——操作工在一个工作单元内的大部分不同岗位上具有相同的熟练程度（有能力满足所有质量和节拍时间目标） • 多技能是流程的一个组成部分——交叉培训100%完成，确定操作工在固定的工作单元内轮岗

制造基础架构				
团队和团队的有效性				
团队合作有效性未能很好发挥	←	• 团队开始成为运作中运作哲学的一部分 • 在制造过程中采用自我指导的工作团队	→	• 团队在操作中完全成为职能性的运作哲学 • 自我指导的团队工作成为制造范围内的主要方式论 • 监督结构在生产中扁平化，从工厂经理到操作工层级不能太多
安全				
未建立规范的安全防护措施流程	←	• 采取正规有效的安全防护措施，保护客户和公司原材料和知识产权 • 员工在工作场所原则上是安全的和有保障的 • 不存在显著的安全问题或事件	→	• 存在一个书面化的审计流程，以确保所有客户、公司材料和知识产权得到充分保护 • 安全系统固定由独立第三方确定有效 • 重点放在员工安全和保护上
质量				
未建立规范的生产质量检验流程		• 产品/服务质量在装运前验证 • 服务质量得到监测和控制 • 质量流程由质量保证实体负责，有权力建立标准、处理投诉和开展修正行动 • 质量流程/检查贯穿从进向收货到整个制造流程 • 检讨工作中心，如浪费、质量等方面的绩效 • 使用质量团队	→	• 质量流程由运作实体拥有 • 存在强有力的内部测量、审计和核实流程 • 客观第三方（如ISO、COPC、FDA等）公事公办地核实流程绩效和结果 • 总质量成本得到固定地检查和改进 • 正规的持续改进流程到位 • 任何雇员能够在发生质量问题时停止生产线
预防性维护				
未建立规范的预防性维护流程	←	• 生产停顿不经常发生 • 按照事先确定的周期，定期检查和维护流程、机器和设备，所有相关维修历史收集保留以备未来使用 • 所有停顿得到公示，问题的根本原因得到识别并公示	→	• 存在一个预防性维护（PM）研究计划 • 由操作人员在每天/每周执行预防性维护计划，自动执行维护 • 操作人员参与设计评估，实际参与修正行动 • 操作人员视自己的装备为己有，执行至少50%的维护任务 • 维护专家只参与复杂和主要的维护工作 • 存在措施以证明预防性维护的结果是比过去更少的停顿和干涉

06

供应链绩效考核第4步：开始考核

制造基础架构			
预防性行动			
未建立规范的预防性行动流程和措施	←	• 问题发生时得到处理 • 存在投诉、问题或现存问题记录，并用于防止再次发生 • 在第一层面（第一发现、第一时间解决）上分析问题的根源 • 彻底清理有序执行，确定问题来自多余的尘土还是污染，查明根本原因	→	• 存在一个书面化的流程，以识别失败模式和可能问题，有效防止多数主要问题的发生或再发生 • 完整的根本原因分析，包括5个为什么，应用于所有反常情况 • 执行每日清理（分类，强化，抛光，安全），确认尘土和污染的根本原因，制定解决方案 • 5S是固定责任的一部分——流程是书面化的，针对尘土或污染的根源的方案得到确认和执行，展示过去12个月内执行提高的结果 • 内部审计结果用于驱动预防性行动
应急措施			
未建立规范、系统的应急措施流程	←	• 具有应急计划，以确保生产和服务流在不可预见事件发生时保持不间断 • 具有紧急状态下的合作伙伴，应对出现下滑、需求上涨、季节性极端上涨情况	→	• 存在一个充分测试的计划，以确保生产和服务流在不可预见事件发生时保持不间断 • 有客观第三方确认应急计划的有效性，推荐改进措施 • 客户和供应商参与和批准意外事件计划
沟通			
没有建立规范的有效沟通流程	←	• 一个非正式的沟通系统帮助确保所有员工收到信息、新闻和他们需要执行各自责任的要求 • 正在开发或导入开放的沟通系统 • 相关成员感觉到他们在得到全部的画面，但或许处于对报复的担心害怕而不想揭开真实的问题	→	• 一个正规的沟通计划包括所有员工、领域、客户和供应商，确保所有方面充分获得所有运作和当前业务事件的信息 • 沟通系统允许从上到下和从下到上对理念、数据和信息的传递 • 紧急事件沟通计划包括不在岗的员工 • 在每个业务单元，由团队领导召集所有工人参加短期的、即时召开的会议，提前评估每天目标，把本班次内的问题转交给下一班 • 管理层与所有成员充分分享业务运作方面的数据，以一种开放和直率的方式回答各种问题 • 管理层在整个组织内部以一种个人诚实的感觉获得尊重

7. 支持流程的定性绩效考核

支持流程的定性绩效考核包括安全、环境和支持流程等，具体内容如表6-22所示。

表6-22　支持流程定性绩效考核

支持流程			
安全			
没有建立规范的生产安全管理流程和指标体系	←	• 将安全整合进入业务的多个方面，多数成员认识到在工作岗位中安全的重要性 • OSHA报告事件水平为3~5，工作日损失指数为3~5 • 在公司层面存在安全委员会，但不一定在部门层面上得到广泛支持	→	• 将安全整合进入业务的所有方面，对所有成员都是重要的 • OSHA可报告事件水平低于1，工作日损失指数低于1~3 • 在公司层面存在一个积极的安全委员会 • 所有部门参与安全审计和紧急反应培训
环境			
没有建立规范的生产环境管理流程和指标管理体系	←	• 将环境控制整合进业务的多个方面，多数成员认识到在工作场地消除有害废物的重要性 • 正在采取与ISO14000体系一致的行动，实施新的控制措施，使出现EPA（ethernet for plant automation）事故的可能性最小化 • 在过去两年中，没有出事故报告	→	• 环境关注成为业务的所有方面的组成部分，对所有成员是重要的 • 所有设施与ISO14000要求一致，在过去5年里没有EPA事故发生的报告
支持流程			
没有建立生产支持流程系统	←	• 支持流程(人力资源、信息技术、财务等)独立运作，但有效支持生产和交付	→	• 支持流程与制造/服务保障团队充分协同，使绩效最优化

制造流程定量绩效考核

制造流程的定量绩效考核从制造－产品工艺的定量绩效考核、伙伴关系和合作的定量绩效考核、制造流程的定量绩效考核、支持流程的定量绩效考核4个方面进行介绍。

我们先介绍一下制造流程的关键绩效指标，包括规模度、制造周期时间、制造前置期、总累积制造周期、总制造周期时间、固定成本、固定前期成本、间接成本、机器故障时间、完整制造到发运时间、订单释放制造周期、路径准确度、全员价值增值率、再计划周期、在制品库存供应天数、资产周转率、产出率、能力利用率、产品销售成本等。每项指标的定义及计算方式如表 6-23 所示。

表6-23　制造流程的关键绩效指标

指标	定义及计算方式
规模度	一个公司以多快的速度和多高的效率递增以满足需求，比如上升生产弹性。当问题涉及的范围增加时，一个解决方式对解决问题起作用的好坏程度。规模经济在公司达到相当大的规模时才能真正实现，那时总收入开始按指数增加
制造周期时间	从开始制造到制造流程完成的平均时间，应用于按库存制造的产品。计算：在制品的平均单位数量/平均日产出的单位数量
制造前置期	制造一种产品所需要的总时间，不包括前端的采购前置期。对按订单制造的产品，指订单指令发给生产流程到产品发运给最终客户的时间。对按库存制造的产品，指从订单指令发给生产流程到成品入库的时间。又称"制造周期时间"，包括订单准备时间、排队时间、装备时间、运行时间、移动时间、检查时间和存放摆位时间
总累积制造周期	上游工序开始到可以发货操作的最后包装完成、可以发货的平均时间，不包括半成品储存的时间。计算：半成品平均数量/平均每天产出的产品数量－半成品供应天数
总制造周期时间	从上游加工开始到制造过程开始，但不包括包装和贴标签操作的平均总加工时间（即从制造开始到最终产品成形、准备包装的时间），不包括停留、测试或发放的时间。计算：制造过程中的平均数量÷每天产出的平均数量
固定成本	在短期内不随业务量变化而变化的成本，包括如建筑物和固定资产折旧之类的成本
固定前期成本	传统观点认为，除直接的人工成本和直接原材料成本之外、即使不生产产品也会持续发生的所有制造成本都是固定前期成本。虽然固定前期成本是生产产品所必要的，但它不能直接追踪到最终产品上
间接成本	不能够被直接追踪到产品的资源成本或作业成本，因为不存在直接或可重复的因果关系。间接成本采用分摊或分配方式转移成本
机器故障时间	机器不能使用的时间。机器故障时间可能在间歇、维护、转产等情况下产生
完整制造到发运时间	一个单位产品由制造部门宣布可发运的时间到产品实际发运给客户的时间

指标	定义及计算方式
订单释放制造周期	订单释放到开始生产过程的平均时间。这个周期时间对于支持原材料移动或转产时是必要的
路径准确度	特定的作业符合管制要求，特定的资源消耗（人或机械）可以按照管制要求细化，并且处于实际要求的10%的误差之内
全员价值增值率	雇员对总产出收益的贡献，减去原材料购买费用，除以总员工数。 全员价值增值率：雇员对总产出收益的贡献，减去原材料购买费用，除以总员工数。总员工数量是样本企业员工总数。是考核周期内各岗位全职员工总数的平均数，包括销售和营销、配送、制造、工程、客户服务、财务、行政及其他人员。雇员总数应包括合同工、临时工转换成为全职雇员（FTE）数量。计算：总产出收入−外部直接原料采购成本/全职雇员数量（FTE）
再计划周期	内部制造再计划周期，以日历天表示的平均间隔时间，从最终品制造/装置地点接受再预测的时间，到修订的计划反应到所有相关的中间配件/组件生产车间的主生产进度计划中的时间。（供应链总反应时间的一个要素）
在制品库存供应天数	库存周转天数是指企业从取得存货/产品入库开始，至消耗、销售为止所经历的天数。周转天数越少，说明零库存/存货变现的速度越快。民间非营利组织资金占用的存货越短，存货/成品管理工作的效率越高。 库存周转天数相关计算公式： 库存（存货）周转天数=360 /存货周转次数=(平均存货×360)/产品销售成本
资产周转率	总产出÷净资产总额
产出率	流程中可用产出相对于投入的比率
能力利用率	使用资源生产产品或服务的强度指标。 能力利用率考核的因素包括内部制造能力、约束流程、直接劳动力供给能力、主要零部件/原材料供给能力
产品销售成本	一定时期内，直接物料、直接人工与给定时期内售出产品分摊前期费用的总和，它是按照GAAP制定的

1. 制造－产品工艺的定量绩效考核指标

制造－产品工艺定量绩效考核的指标包括新产品开发周期、新产品开发成本等。每项指标的定义及计算方式如表6-24所示。

表6-24　制造-产品工艺定量绩效考核指标

指标	定义及计算方式
新产品开发周期	新产品从开始研发到可以投产的平均周期时间
新产品开发成本	与新产品开发、完善相关的成本总和

2.伙伴关系和合作的定量绩效考核

伙伴关系和合作定量绩效考核的指标包括订单周期、客户满意度、按承诺日期交货绩效、按客户要求日期交货绩效等。每项指标的定义及计算方式如表6-25所示。

表6-25　伙伴关系和合作定量绩效考核指标

指标	定义及计算方式
订单周期	从下订单到货物收到的整个时间和过程
客户满意度	客户对企业产品和服务的满意程度，可由以下指标反映：客户获取和维持比率，新客户的获取比率或老客户的维持比率。 对潜在的重要合作伙伴而言是关键的销售点
按承诺日期交货绩效	按承诺日期交货的批量或订单数÷交货批量或订单总数
按客户要求日期交货绩效	按客户要求日期交货批量或订单数÷交货批量或订单总数

3.制造流程的定量绩效考核

制造流程定量绩效考核的指标包括实际资产维护开支占更新资产价值的百分比、生产下跌适应性、生产上涨适应性、生产上涨弹性、工艺变更成本、工艺变更平均时间、项目／产品／品类切换时间、产品损失（含采购品／在制品／产成品）、在制品库存供应天数、制成品库存供应天数、产出量、单位制造成本、在制品不合格率、内部制造再计划周期、包装周期和包装成本等。每项指标的定义及计算方式如表6-26所示。

表6-26　制造流程定量绩效考核指标

指标	定义及计算方式
实际资产维护开支占更新资产价值的百分比	资产总生命周期维护成本与替换新的资产的价值的比较指标。该比例给予现时的维护成本，用于评估资产使用年限
生产下跌适应性	在没有库存或成本法则的情况下，生产在交货30天前下跌的可持续性
生产上涨适应性	在没有原材料约束的假定前提下，30天内可以达到的最大的生产能力上涨幅度
生产上涨弹性	在没有原材料约束的假定前提下，提升20%生产能力所需要的时间
工艺变更成本	与产品工艺变更相关的成本总和
工艺变更平均时间	按日或小时计算的产品工艺变更影响交付的时间÷变化的总小时数或天数
项目／产品／品类切换时间	按日或小时计算的项目切换、产品切换、品类切换的周期时间

指标	定义及计算方式
产品损失（含采购品／在制品／产成品）	在制造流程中损失的原材料、在制品、产成品的数量或价值的总和
在制品库存供应天数	在制品总价值÷（已售商品成本÷365）
制成品库存供应天数	工厂的制成品库存供应天数=工厂所有制成品库存总值÷（流动总值/365天）
产出量	工厂产出的产品数量或价值的总和
单位制造成本	制造成本÷生产制造的产品数量
在制品不合格率	考核范围内不合格在制品的数量或价值÷在制品总量或总值
内部制造再计划周期	重新计划制造流程的平均周期时间
包装周期	与包装一件准备发货的产品相关的时间
包装成本	与包装一件准备发货的产品相关的物料、人工、设备使用等成本的总和

4. 支持流程定量绩效考核

支持流程定量绩效考核的指标包括制造设备和设施的管理成本、制造合规要求的管理成本、制造信息系统的管理成本等。每项指标的定义及计算方式如表6-27所示。

表6-27　支持流程定量绩效考核指标

指标	定义及计算方式
制造设备和设施的管理成本	管理制造设备和设施的相关成本总和
制造合规要求的管理成本	管理制造合规要求的相关成本总和
制造信息系统的管理成本	管理制造信息系统的相关成本总和

第五节　交付流程绩效指标定性与定量分析

核心要点

本节主要介绍了交付流程绩效指标定性与定量分析指标，以及它们的考核方式。

实践指导

要想做好供应链-交付流程的考核，企业就要了解在支付流程中，供应链绩效考核都考核了哪些定量和定性指标，并根据表格中给出的方式进行考核。

● 交付流程定性绩效考核

交付流程的定性绩效考核包括订单管理的定性绩效考核、仓储／执行的定性绩效考核、定制化／延迟的定性绩效考核、交付基础设施的定性绩效考核、运输流程的定性绩效考核、电子商务交付的定性绩效考核、管理客户／顾客伙伴关系的定性绩效考核、售后技术支持的定性绩效考核、客户数据管理的定性绩效考核等9个方面，我们以表格的形式进行具体介绍。

1. 订单管理的定性绩效考核

订单管理的定性绩效考核一般会按照订单接收和输入、订单鉴别、订单确认、订单处理、交易监测、支付处理、执行和销售代表／大客户经理培训等流程展开，如表6-28所示。

表6-28　订单管理定性绩效考核

订单管理			
订单接收和输入			
没有建立规范的订单接收和输入流程	←	• 有能力通过电话、传真、电子邮件和电子数据交换EDI形式接收和处理的客户订单 • 对于既定的区域（欧洲、亚太地区等）所有操作者，订单进入单一的数据库 • 客户销售代表CSR（commercial sales representative）具备支持销售地域所需的语言技能	→	• 在订单输入时产品准确定价，包括对产品配置的调整 • 使用EDI和/或互联网支持的订单管理系统，允许远程订单输入、订单配置管理、订单状态更新等 • 在线订单输入系统具有处理多种语言和货币能力 • 与零售商终端销售点系统连接，当达到目标存货水平时释放信息 • 在订单输入时包括外向运输选择和定价

订单管理		
没有建立规范的订单接收和输入流程	←	• 价格表定期更新，手工确认价格，对选择的交易伙伴采用基于网络的订单输入方式 • 对拒绝方进行出口订单检查 • KPI：在订单层面准确率达到98% • 所有相关的日期和时间的数据要包括处理中心、装运和客户位置的时区，或用世界时GMT的标识	→	• 自动的交叉交易/促销能力 • KPI：在订单层面的数据准确性大于99.5%

订单鉴别		
没有建立规范的订单鉴别流程	←	• 根据预先设定的水平，参照公共数据库中保存的信用记录，手工或自动确认信用 • 根据阻止方清单和出口协议，手工或自动确认订单 • 通过公共数据库中的客户/SKU列表，确认客户购买特殊SKU的资格 • 以预先定义的业务规则为基础确认客户	→	• 采用自动技术，确认以规则为基础的价格、前置期、测量单位、多水平信用检查(数量限制、信用天数)、客户/产品限制和出口协议 • 对客户的要求准确报价，考虑到价格分级、多渠道、溢价和产品可供性 • 有能力在如有必要的情况下在多个地域执行单一订单，以满足客户交付要求

订单确认		
没有建立规范的订单确认流程	←	• 以公共库存数据库为基础手工检查产品可供性 • 根据订单，手工分配库存 • 如果在当地时间上午10点/下午2点之前收到订单，在订单接收日内，用手工以传真或电子邮件方式确认订单；如果下午两点以后收到订单，在第二天确认，确认要求的日期或根据装运和运输标准（订单接收的截至期按照产业标准决定）建议最可能日期 • 确认文件可按要求使用当地语言	→	• 通过对库存和新产品的动态修订，提供可供性承诺（ATP），通过与产品计划制定系统的连接，考虑产能、原料、库存和替代品等因素 • 通过电子邮件和/或在线方式以书面形式进行自动订单确认 • 根据运输提前期和可靠性，向客户预报预期的接收日期

订单处理		
没有建立规范的订单处理流程	←	• 如果收到订单是在当地下午2点以前，所有订单当天输入系统（实际时间取决于行业） • 如果需要，由工程/客户销售代表计划产品安装	→	• 在不影响其他客户承诺的保证日期的情况下，提供非计划的客户定单 • 根据服务水平要求、产品特性和成本，自动选择运输方式和承运人

订单管理		
没有建立规范的订单处理流程	←	• 根据批次安排生成仓库拣货单证 • 关键绩效指标（KPI）：所有来自客户的要求，在两小时内做出初步回应，24小时内处理完毕 • KPI：根据数量或产品线的订单满足率 • KPI：根据订单统计的订单满足率	→	• 决定合适的分拣战略(批次、单一、区域) • KPI：订单执行时间周期(前置期从订单接收到交付完成) • KPI：订单执行差异

交易监测		
没有建立规范的交易监测流程	←	• 客户关注团队对主要客户的询问提供畅通的和专业的回应 • 存在适当的流程，如果装运期超过1天，在计划装运期之前通知客户 • 客户团队能实时可视积压的订单、订单状态、计划装运期、客户分类、客户赢利能力、客户信用历史和当前客户库存位置等 • 根据计划的装运日期和客户要求的交付日期，跟踪和报告实际装运期 • KPI：按承诺和要求准时交付	→	• 追踪承诺的装运期、计划的准备制造日期、实际准备制造日期、客户要求日期和数量，以及实际装运期、实际客户接收日期和数量，作为绩效指标(准时交付承诺和要求) • 自动化的信息系统用于报告正常的确认和例外预警 • 客户有能力监测跟踪订单处理、完成、装运过程

支付处理		
没有建立规范的支付处理流程	←	• 有能力接受以支票、电汇或电子资金支付EFT（electronic funds transfer）的支付 • 账户的支付在一个工作日内完成 • 所有支付和交易信息保证安全和保密	→	• 按照条款，在收到货物后自动授权安排支付 • 主要客户通过电子资金划拨系统接收支付，能够保证实时处理支付 • 支付处理能够使用当地货币

执行和销售代表/大客户经理培训		
未建立规范的销售代表/大客户经理培训流程	←	• 对客户销售代表有正式的培训计划和手册(最少一个星期的培训) • 客户销售代表在执行任务前受到基本培训，并在60天内完成培训 • 保证最少培训小时和天数的详细规定到位 • 部门或组织负责人的认证	→	• 客户销售代表培训结合了计算机辅助培训系统、正规教室上课和专业辅导 • 通过使用例外报告，主动识别和交流潜在的客户问题 • 实施VMI项目，以平衡统计上的库存模型和客户赢利能力信息(主要大客户管理职能) • 明确的培训时间要求 • 培训后明确的认证要求

2. 仓储／执行的定性绩效考核

仓储／执行的定性绩效考核包括收货和检查、物料处理、摆位、存储、分拣和包装、集运／装货、发货单证和仓库管理系统等，具体内容如表6-29所示。

表6-29　仓储/执行定性绩效考核

仓储/执行		
收货和检查		
没有建立规范的收货和检查流程	← • 通过提前计划所有拖车的移动和在场内的停靠，减少拖车转换次数 • 及时卸货以避免滞留/逾期 • 接收后需立即出货(越库)的货品必须完全地识别 • 手工计划拖车到达以使人工和货台空间利用最大化 • 手工安排没进仓库但被目前订单所需的货进行越库或立即补货要求 • 手工处理收货预约 • 绩效标准/标准清晰明示 • 所有接收货品(下午两点以前)当天处理，并明示为当天可供库存 • 充分检查以识别不合格产品，并进行检验以防止被使用 • 不合格产品在规定时间范围内反馈给供应商 • 收货错误、装运错误、破损水平、溢短水平保持在或低于与客户达成的协议要求 • 关键绩效指标：卸货次数	→ • 通过提前发货通知单ASN（Advanced Shipping Note）预收并提前腾位以加速货物的接收 • 将实物装卸和检查职能相结合，既可以增加人员对库存准确性的责任，也可以消除不必要的劳动时间 • 制定货台排班，对于如约到达的车辆，承诺两小时内卸货 • 按照ASN系统，采用条形码扫描确认货品接收，系统直接分配仓储位置 • 系统能够提示对进入货物的即时订单要求，从而在接收时安排越库或即时补货 • 所有收货能及时知悉、安排，并在接收时放到可用的位置上 • 全自动的、无纸接收（基于ASN的收货） • 通过双重扫描和重量确认检查，监视、报告和控制装运错误 • 在需要时，有能力接受、跟踪RFID电子商品编码的货品
物料处理		
没有建立规范的物料处理流程	← • 有效的物料搬运，如停靠位置有序，通道畅通，位置标志清晰 • 好的内务——走廊和工作区域没有散乱物品，货物整齐堆放，没有明显的过分潮湿和灰尘等 • 计划立即装运（越库）产品必须得到适当处理 • 绩效指标/标准清晰明示	→ • 灵活有效的物料搬运，合适的自动化水平，符合当前和预测的业务需要 • 系统能够提示即将到来产品的即时订单要求，在接收时安排越库或立即补货任务

续表

仓储/执行			
摆位			
没有建立规范的摆位流程	←	• 摆放策略是根据产品周转速率和物理属性将产品分配到合适的位置 • 快速周转的货品放在最具适合提升工效水平的位置，即同时平衡经过通道的数量以减少订单和人员拥塞 • 摆位安排是战术性的 • 季度性评估摆位安排	→	• 摆位分配每月评估，并按季度提前调整 • 摆位分配可以是手工或动态的，以使用者定义的规则为基础 • 摆位以接近主要拣货位置和最大利用储存单位为基础 • 设计存储系统设计保证最大化空间使用，同时具备能够有效的存放和补充功能 • 托盘的安排应实现有效储存而不需要重新堆叠
存储			
没有建立规范的仓库存储效率管理流程	←	• 有基本产品体积数据，但没有储存在系统中 • 对存储位置进行年度评估，以确保最方便取货和恰当制定规格 • 高价值的SKU存储位置是相邻的，先进先出规则确保合适的批量控制 • 对所有高价值和隔离品种，采用笼式管理和控制取货 • 对于散发异味、具有火灾危险或要求温度控制的项目必须在专门区域分类储存 • 关键绩效指标：库存准确度	→	• 订单管理技术和包装，存储和处理技术整合，同时包括所有产品数据特性 • 存储系统设计优良以适应当前的存储类型混合，并每季度重新评估需求 • 订单管理，仓储管理和运输管理系统整合
分拣和包装			
没有建立规范的分拣和包装的流程	←	• 测量工班和个人的产出率绩效 • 主要工作任务和人力水平有每周活动报告，并公示在仓库的业务（办公）楼层	→	• 采用按灯拣货系统、RF（Radio Frequency）终端、无线对讲系统，或相似的自动处理系统，实现指令和人员的自动沟通 • 传送带或者其他自动物料搬运设备把指令带到每一个要求的分拣区，消除拣货者移动时间 • 优化波峰分拣和相互交叉 • 通过对订单分拣路径排序，或对多客户相同的SKU进行批量分拣，或将波峰拣货提前等方式，缩短拣货路途

仓储/执行		
没有建立规范的分拣和包装的流程	← · 关键绩效指标（KPI）：按客户和商品的执行率、包装准确率 · 需要时系统支持RFID标签/电子产品编码追踪	→ · 根据主要任务和人力水平记录每天作业，将工作日报在仓库/办公楼层公示 · 设置和测量产出率目标，显示出改进趋势和/或达到目标 · 客户能够通过在线报告系统评审绩效作业水平 · 公钥基础设施PKI（Public Key Infrastructure）：每条品种线、作业活动、原因码（reason code）的出错率

集运/装货		
没有建立规范的集运装货流程	← · 按照停站装货顺序安排(比如首个卡车目的地的货最后装等) · 有适当的流程，将所有单程装货的公开订单与客户规定的时间窗口结合起来	→ · 采用最优化的3D装车方式 · 合并装货再在远端（卸货点）进行分拣处理

发货单证		
没有建立规范的发货单证流程	← · 按客户和出口（海关）要求制定所有装运文件、标识装运货物(比如，零售商定制标签)自动识别标签和标志与所有客户一致(如果提前装运通知（ASN）是最低要求，与客户要求一致的标签也是最低要求) · 提前确定所有出口/海关税费和结算流程 · 提前装运通知（ASN）对所有客户来说，可通过EDI、传真或电子邮件获得（注意：不是所有客户都需要提前装运通知，但它们应该是得提供的） · 自动装运清单生成系统并可追踪 · 根据需要生成合适的危险品单证 · 根据需要生成合适的国际单证 · 根据要求保存出口记录	→ · 从系统记录中电子下载和自动生成装运单证 · 提前装运通知（ASN）通过EDI或网页（根据客户要求）自动发送 · 统一的条型码或无线射频装置包括或定位在整个发运信息，使能实现统一的扫描收货 · 在货台装运时贴上与客户一致的自动识别标识/标签

仓储/执行		
仓库管理系统		
没有使用规范的仓库管理系统	←	• 正规的仓库管理系统WMS（warehouse management systems），混合使用的手工和计算机记录 • 存货控制和协调操作确保存货准确性 • 仓库管理系统处理接收、货位分配、存货和摆位 • 整合订单管理和制造系统，实现可视化 • WMS提供报告以支持选定的KPI	→	• 完全系统驱动的仓库管理系统或自动物料处理系统，持续进行到SKU层次的存货管理 • 仓库管理系统和其他业务系统充分整合 • 仓库管理系统支持以作业为基础的成本核算/管理 • 仓库管理系统支持"价值增值服务"和延迟 • 动态货位指派系统，包括批次控制、分区摆放、质量保证、存取的ABC频率、面向在制品或看板的越库 • 采用射频遥控数据终端、声控或按灯拣货等手段进行摆位和拣货

3. 定制化/延迟的定性绩效考核

定制化/延迟的定性绩效考核包括工作计划和平衡、物理流程协同、操作工一岗多能、办公间绩效测量和工作场地设计等，具体内容如表 6-30 所示。

表6-30　定制化/延迟定性绩效考核

定制化/延迟		
工作计划和平衡		
没有建立工作计划和平衡的流程	←	• 将清晰的日常指示公示给工作人员 • 采用了生产率标准和关键绩效指标 • 依靠监管监测程序，区分重点 • 小批量、适当的在制品（在制品） • 操作人员会根据指示移动到瓶颈区域	→	• 配给/组装过程能支持"按订单"和"按需求"类型的流程 • 可视的、清晰的、整合的、自我管理/重点区分的流程（比如看板） • 提前期接近流程时间 • 使用单间流拉动工作 • 自我指导的操作工自动分配任务以动态平衡工作小组
物理流程协同		
物理布局与业务流协同度低	←	• 物理布局与业务流协同 • 整合的工作站	→	• 设备布局是灵活的，细胞式 • 原材料和操作工移动最小化 • 使用无线设备、自动ID和其他工业设施（天平称、旋转货架、传送装置等） • 使用自动导轨车AGVS（automated guided vehicle system）移动大量重复性的托盘移动

定制化/延迟				
操作工一岗多能				
操作工没有实现一岗多能	←	• 通过多种技能，能充分执行在工作间内或工作流程的多数工作 • 培训使员工掌握超过一种以上的技能是培训准则	→	• 现场所有的工作都由专业化人员执行 • 多技能化是工作中不可分割的部分 • 可视的技能标准和培训计划到位，并实现超过当前任务要求的技能
办公间绩效测量				
没有建立办公间绩效测量指标体系	←	• 可视的绩效标准公布在工作间/单元，使管理者驱动改进 • 有一些可应用的绩效考核指标 • 存在行动计划以改正缺陷和实行改进绩效的管理	→	• 自动执行记录和追踪实际绩效以达到标准 • 工作组/单元雇员使用绩效标准，以积极地识别和执行改进机会
工作场地设计				
工作场地没有有效的设计	←	• 采用标准工作辅助方式，减少体力需求（包括体力的、视觉的和听觉的压力）	→	• 工作站按照人机工程学的要求来设计，存在持续减少体力需求的措施 • 多项工作任务或多种工作分配，作为一项职能要求以减少重复性工作的压力

4. 交付基础设施的定性绩效考核

交付基础设施的定性绩效考核包括工作计划和平衡、物理流程协同、工作场地设计、组织协同和焦点等，具体内容如表 6-31 所示。

表6-31　交付基础设施定性绩效考核

交付基础设施				
工作计划和平衡				
没有建立交货计划流程或交货计划不合理	←	• 按照客户要求的交付日期，每天安排装运计划 • 运输工具一旦离开货台，订单在系统记录中标识为"已装运" • 转运部门在系统中有可视的提示，以处理装卸中的"溢出" • 装运优化和进行集运分析	→	• 对要装运的订单进行实时排序和更新，并在工作区之间平衡，以防止设施的超负荷/利用不足 • 雇员通过RF装置或语音提示系统收到"下一个命令" • 通过任务许可、波峰或两阶段拣货等技术，使能够同时处理多种订单 • 实时存货控制、货位寻找和以规则为基础的拣货逻辑 • 关键绩效指标：按客户交付日期要求的执行百分比 • 关键绩效指标：完好订单执行指数（正确的产品、正确的数量、正确的地点、正确的时间、正确的单证、无缺陷、修正的单证、修正的发票）

交付基础设施		
物理流程协同		
物理流程与交货流程协同程度较低	← • 至少年度、最好季度进行存货位置平衡，以保持高流转项目接近台架区域，特别是要让一起装运的产品放在临近位置 • 存在适当的流程以识别瓶颈作为全面的持续改进措施 • 对所有仓库位置和产品代码进行条形码扫描	→ • 动态模拟拣货需求，使人工、成本和时间最优 • 使用流动货架或自动物料处理装置 • 适当使用看板以维持库存水平 • 包装产品以便于下游的活动（按卸货的顺序装载等） • 对所有仓储定位和产品代码进行条形码扫描
工作场地设计		
交货工作场地设计不尽合理	← • 所有位置和产品代码被清晰标识，工作人员容易看到，而不用从物料处理设备上取下来 • 所有仓库运作消耗的包装材料是自动补充的（比如看板、最低值/最高值等）	→ • 动态位置分配，包括批次控制、分区拣货、质量保证 • 使用流动货架或自动原材料处理装置
组织协同和焦点		
内部业务流程和职能协同程度较低	← • 内部业务流程和职能互动协同	→ • 内部和外部业务流程和职能相互协同 • 流程是关注客户的 • 客户满意度和忠诚度数据驱动改进措施

5. 运输流程的定性绩效考核

运输流程的定性绩效考核包括专一承运人、共同承运人（通过托运人支付）、小型包裹运输管理、交付证据/在途可视、公共承运人（按单支付运费）和运输管理系统等，具体内容如表6-32所示。

表6-32　运输流程定性绩效考核

运输		
专一承运人		
没有建立专一承运人管理的流程	← • 自有的或雇佣的运输工具在单一台班内完全使用，有限采用双班 • 每周测量司机和托车的使用 • 进项/出项流动协调（如回程安排）	→ • 只要可能，自有或雇用的车辆100%双班次使用 • 对司机、拖头和拖车利用率每天进行评估 • 使用满足整体运输要求的优化的专有车架 • 拖车移动由场站管理员采用一车多架管理

运输			
共同承运人(通过托运人支付)			
没有建立共同承运人管理的流程	←	• 保持对绩效的每日记录 • 24小时回应投诉信息 • 使用线路指导，对与经常使用的承运人的协同进行记录和跟踪 • 关键绩效指标：按方式和目的地核算的每磅运费 • 关键绩效指标：每千米成本	→	• 无误地、自动地在运输的每个阶段跟踪每一票货 • 积极交付全部的每天管理报告 • 基于连续运输和集运/集中为基础的承运人/线路优化 • 自动装运的通知和收货确保符合合同 • 使用承运人报告卡以测量交付准时率、装运接收、准时到达仓库和损坏等 • 运输时间和费率可在网上获得 • 提供承运人损坏/质量数据，并同时提供根源分析和改进计划
小型包裹运输管理			
没有建立小型包裹运输管理流程	←	• 利用由承运人提供的工作站或WEB工具，发出和跟踪所有包裹 • 每季度评审承运人的费率以确保最少的运输成本	→	• 以每单最少的总成本选择运输方式和服务供应商，并在报价之前按实际费率报价 • 选择最低成本的承运人项目以满足客户要求 • 以准时和质量绩效为基础选择供应商 • 承运人页面提供追踪、费率、文件和送达信息 • 与运输系统的整合，以自动更新装运文件和装运单信息
交付证据/在途可视			
交付证据在运途中不能获得	←	• 如果要求，交付证据可以从承运人获得 • 运输位置和交付状态可以非在线给到客户销售代表	→	• 每单运输都提供电子交付证据 • 能够连接到承运人的GPS系统，对客户销售代表提供实时可视信息 • 装运位置通过电子数据交换（EDI）可获得
公共承运人(按单支付运费)			
未建立按单支付运费管理流程	←	• 将运单与装运位置和日期单对比，以避免双重支付 • 批次批准的装运和支付计划	→	• 利用装运评估单实现"自动记账" • 进项运费成本和承运人绩效可视 • EFT电子运费支付 • 有运费支付审计系统，以确认费率和消除多重支付

06

续表

运输		
运输管理系统		
没有采用规范的运输管理系统	← 对运输线路和承运人采用线路制定指引	→ • 自动化的运输管理系统TMS以多种标准为基础提供承运人选择和路线选择 • 运输管理系统可以是自有系统的一部分或者由第三方物流提供商提供

6. 电子商务交付的定性绩效考核

电子商务交付的定性绩效考核包括页面可接触性、用户友好、内部数据鉴别、客户数据鉴别、报告和客户体验等，具体内容如表6-33所示。

表6-33 电子商务交付定性绩效考核

电子商务交付		
页面可接触性		
客户不能便捷访问页面	← • 客户或客户界面容易找到，通常可获得，不工作的时间少于3%	→ • 客户或客户界面容易找到和使用 • 系统运行基本不会瘫痪，正常运行时间在99.97%以上 • 系统全年7×24小时由在线人员或者第三方合同人支持
用户友好		
用户页面复杂繁冗	← • 初次使用者或许需要一些帮助，但是专家使用满意	→ • 初次使用者能自如地使用 • 信息以多种语言显示，适应不同地区的销售 • 使用者只输入数据一次 • 以前输入的数据，即使来自以前的订单，也存在并有效 • 交易状态总是可视的和安全的
内部数据鉴别		
没有内部数据鉴别能力	← • 数据管理流程确保所有数据在进入之前是准确的	→ • 实时数据管理流程确保所有数据是最新的 • 流程能够自我修正，潜在的数据错误控制在输入之前 • 在线ATP提供可获得性和交付日期的估计

电子商务交付		
客户数据鉴别		
没有客户数据鉴别能力	←	• 离线数据管理流程确保所有客户数据在处理之前是最新的和准确的 • 在客户数据中发现的错误,在数据库中进行更正,保证将来的使用	→	• 实时数据管理流程确保所有数据在输入过程中是最新的和准确的 • 流程能够自我修正,将潜在的数据错误控制在输入之前 • 信息随时可以检查,如果需要,自动发出更正通知
报告		
系统不能生成客户报告	←	• 通用报告离线产生 • 新的自动报告生成需要专家参与	→	• 具有完全的客户导向的、在线的、实时的报告能力 • 所有系统使用者得到充分培训可以按要求创造自己的报告 • 采用清晰的视觉和听觉界面,强化可靠的、敏捷的和客户定制式的电子商务体验
客户体验		
客户体验不完美	←	• 提供的电子商务是可靠的,积极回应客户要求	→	• 采用清晰的视觉和听觉界面,强化可靠的、敏感的和客户定制式的电子商务体验

7. 管理客户 / 顾客伙伴关系的定性绩效考核

管理客户 / 顾客伙伴关系的定性绩效考核包括建立客户服务和合规要求、客户要求 / 产品特征、监测市场变化要求、交流客户服务要求、测量客户服务、管理客户期望、建立持久的客户关系、积极回应、测量客户赢利能力、客户赢利能力分析的延展使用和客户细分等,具体内容如表 6-34 所示。

表6-34　管理客户/顾客伙伴关系定性绩效考核

管理客户/顾客伙伴关系		
建立客户服务和合规要求		
未建立客户服务要求和客户合规要求流程	←	• 建立客户服务要求的流程 • 关注产品和服务的可靠性 • 设置和度量绩效指标	→	• 关键客户要求与客户一起建立,精心制作正式的工作说明,并每季度评审和更新 • 存在合适的条款共同管理存货计(如VMI)和协同补货计划(CPFR) • 存在合适的流程,周期性最少每年度评审针对所有客户分类的所有服务内容 • 渠道划分以服务要求为基础,包括正规的、已定义的和市场化的标准,以及额外的服务 • 交付服务的达标要求是清晰定义的和双方同意的

管理客户/顾客伙伴关系		
客户要求/产品特征		
产品规格未按客户反馈和市场要求定义	← • 产品规格按客户反馈和市场要求定义，比如如何组合、贴标签等	→ • 存在构建好的流程(比如客户诊断或关注小组、质量功能研发计划等)，将客户需要与特定产品规格和服务连接起来
监测市场变化要求		
没有建立规范的监测市场变化要求的流程	← • 市场研究关注竞争者的活动 • 对提供的服务进行年度内部评审	→ • 通过标杆和市场研究持续性监测市场 • 对提供的服务进行季度内部评审
交流客户服务要求		
没有建立规范的交流客户服务要求的流程	← • 所有客户服务要求被组织内的关键管理者清晰地理解 • 大部分要求被所有直接面对客户的人员理解	→ • 所有客户服务要求通过组织在所有接触点上被理解 • 标准操作程序/SOW/工作指示到位，并在所有关键工作站上以物理或电子形式存在
测量客户服务		
没有建立规范的测量客户服务的流程	← • 用投诉分析探讨和解决内部问题 • 以逐个客户为基础进行审计以识别内部改进点 • 存在客户计分卡，顶级客户计分卡每月更新	→ • 例常化与关键客户深度会面 • 按照客户要求的频率，以客户计分卡测量关键绩效指标 • 由第三方执行持续的、统计意义上的可靠的客户满意度调查 • 关键绩效指标——五级客户满意度的百分比
管理客户期望		
没有建立规范的管理客户期望的流程	← • 交付和服务保证以理解运作绩效和客户要求为基础 • 客户关系管理软件提供客户输入和保持客户信息	→ • 积极管理客户期望以确保可靠的承诺 • 客户关系管理CRM（customer relationship management）软件提供客户输入和保持客户信息 • 系列研究决定新的或出现的客户期望
建立持久的客户关系		
没有规范的建立持久客户的关系流程	← • 主要采用优惠的贸易条款防止客户流失	→ • 以单个客户偏好为基础设定目标服务

管理客户/顾客伙伴关系		
积极回应		
没有建立积极回应客户的流程	← • 业务评审用于寻找成本和服务改进 • 结果向客户沟通	→ • 存在一个合适的联合评审程序与客户共担责任，以评审和改进服务和成本 • 所有业务领域都应该和客户一起进行年度评审
测量客户赢利能力		
没有建立测量客户赢利能力的流程	← • 单个客户的赢利性是从收入中减去直接人工，分摊支持性人工和分摊原料成本的结果 • 每季度生成报告	→ • 以客户为基础的ABC赢利性在每一期末的两天内自动获得 • 赢利性和潜在的额外赢利性是决定目标客户的关键因素
客户赢利能力分析的延展使用		
没有对客户赢利能力分析进行延展使用	← • 客户赢利性分析与所有业务部门分享，并用于决策制定	→ • 客户赢利性信息以正规和定期的方式和客户分享 • 在谈判中信息同样用作工具，以探索联合工作的新方式
客户细分		
没有建立规范的客户细分流程	← • 客户分组以每组的价值量化，以规模、潜在收入和服务成本为基础 • 每一分组中的所有公司等同对待 • 以成本/价值为基础对服务进行选择和设置目标	→ • 客户分组以用于改进服务的需要集群和相关赢利边际为基础 • 当业务改变时，同时调整客户分组，产生更多的分组，对每组中的客户区别对待和营销 • 运用自我选择、自我修正的客户分组以更有效地进行目标营销 • 识别关键客户，增加额外服务投资，以他们的利润潜力和联合工作改进共同的供应链的意愿为基础

8. 售后技术支持的定性绩效考核

售后技术支持的定性绩效考核包括顾客界面、问题/投诉处理、培训和技术保障、岗位安排和时间计划、质询处理程序和绩效报告等，具体内容如表6-35所示。

表6-35　售后技术支持定性绩效考核

售后技术支持		
顾客界面		
没有建立规范、有效的售后客户服务界面	← ● 客户能够通过呼叫中心获得技术支持 ● 客户销售代表（CSR）有必要的语言技能支持销售地理区域 ● 记录投诉来源以追踪趋势 ● 维修服务配件订单考虑优先权（比如紧急备件订单）	→ ● 客户能够通过呼叫中心或互联网(可下载的帮助和在线互动交谈) 得到技术支持 ● 在数据库中追踪投诉来源以分析问题的根本原因 ● 数据用来识别管理客户关系的机会，使订单/交付更有效率和用户友好 ● 提供不同水平的退市支持，包括不同水平的服务，比如提前替换，4小时支持，24小时支持等
问题/投诉处理		
没有建立问题与投诉流程，问题/投诉处理效率低	← ● 在首次呼叫中所有技术问题的80%得以解决 ● 所有技术问题在4小时内，最多一次回叫后解决 ● 对在电话中不能解决的问题进行定义和深入研究	→ ● 所有技术问题在一个电话呼叫中解决，最多转移一次 ● 技术代表有权在定义的指标内授权修复/更换问题部件 ● 在交易结束时以一个简明的询问确定客户对事件的满意度 ● 有正规的保修返回流程和到货即损DOA（dead on arrival）流程 ● 关键绩效指标：服务备件订单满足率和订单循环周期
培训和技术保障		
没有实施有针对性的培训和技术保障	← ● 根据职能/角色制订正式的培训计划	→ ● 每个工作有明确的技能和素质要求，并有学员培训要求 ● 数据驱动的、在线自动指导的教育项目并随时更新 ● 有多种培训格式以改进持续力和协同 ● 希望得到的结果与绩效评审相联
岗位安排和时间计划		
岗位安排和时间计划不能够满足售后要求	← ● 第一层次支持7×24小时可提供(或许不适用于所有行业) ● 第二层次支持仅在工作时间可提供，通常根据电话回叫	→ ● 完全支持7×24小时服务的可提供性，在有记载的行业最佳标准时间框架内解决问题（随行业不同而不同）

售后技术支持			
质询处理程序			
没有建立质询解决流程	←	• 定义流程解决多数一般询问 • 对于初次接触的员工，知道深入解决非日常询问的途径	→	• 定义的和文档化的流程用于确认、批准和记录投诉和/或诉讼 • 每个业务人员授权处理大多数询问，并最大限度深入解决问题 • 商业规则将流程政策和商业战略、目标和目的联系一起 • 投诉可追踪，并用于驱动更正/预防的行动流程
绩效报告			
没有建立绩效报告标准流程	←	• 总结关键指标(数据点)，涉及呼叫量、解决量和深入解决的问题 • 以季度为基础进行内部评审绩效	→	• 绩效每天、每周、每月进行评估，包括在合适情况下与关键客户一起评估 • 根据标准评估实际流程绩效，若没有达到最低标准，自动制订改进行动计划以恢复设定的绩效水平 • 关键绩效指标与公司战略利润模型紧密相联 • 如果与供应商的部件缺陷相关，缺陷追踪并报告给供应商 • 如果由第三方管理，存货和绩效标准由双方协定，并在网页上可视 • 根据标准评估实际流程绩效，若没有达到最低标准，自动制订改进行动计划以恢复设定的绩效水平或持续改进

9. 客户数据管理的定性绩效考核

客户数据管理的定性绩效考核包括客户数据可获得性和客户数据应用两项，具体内容如表 6-36 所示。

表6-36 客户数据管理定性绩效考核

客户数据管理			
客户数据可获得性			
未建立系统的客户数据管理体系	←	• 客户数据从多个系统/来源可获得用于整合流程 • 分析要求从多个系统/来源提取 • 预防瘫痪的安全措施是手工的	→	• 所有客户数据和属性存储在单一数据库中数据是最新的和实时更新的 • 系统能够为个别的数据访问多个来源 • 采用特定行业中的最佳实践，使用EAN·UCC网和项目注册数据 • 自动安全措施检查数据有效性并作为新的记录

续表

客户数据管理		
客户数据应用		
客户数据没有得到应用或者应用是有限的	← ● 内部应用使用共同的客户数据，或许不是直接获得，可能要求提取和"上载" ● 定期检查数据完整	→ ● 内部应用使用共同的数据库，实时更新客户数据 ● 利用灵活的特征配置，简单化客户管理主系统，维护数据的完整性

交付流程定量绩效考核

　　交付流程的定量绩效考核包括订单管理的定量绩效考核、仓储/执行的定量绩效考核、定制化/延迟的定量绩效考核、交付基础设施的定量绩效考核、运输流程的定量绩效考核、电子商务交付的定量绩效考核、管理客户/顾客伙伴关系的定量绩效考核、售后技术支持的定量绩效考核、客户数据管理的定量绩效考核等9个方面。

　　我们首先介绍一下交付流程的关键绩效指标，包括交付周期、完美订单比例、按时交货率/按要求交货率、订单填充率、可承诺量、产成品库存供应天数、单证准确率、货架断货率、补货提前期、补货准确性、补货及时性、在途库存、容积利用率、废弃库存占总库存的比重等。每项指标的定义及计算方式如表6-37所示。

表6-37　交付流程关键绩效指标

指标	定义及计算方式
交付周期	与交付流程相关的平均时间周期
完美订单比例	完美订单的概念必须满足以下所有条件：完整交货，包括订单上全部数量的物品；在客户要求的日期及时交货，使用客户对准时交货的定义；交货时，与订单相关的单证完整准确，包括包装单、提单和发票；交付时产品状态完好，正确配置、顾客随时可用、无损坏以及无瑕疵安装（如适用）。 完美订单比例=（考核期内完美订单数÷总订单数）×100%
按时交货率/按要求交货率	在提交日期之时或之前已履行订单数的百分比，是内部调度系统效率的评估指标。交货评估指标是以一份完整订单的运输日期或运达日期为基础的。一份完整订单是按要求的数量送达所有的产品。一份订单必须完整，才能认为已履行。同一份订单上不同类型产品计划有不同的送达日期，构成多份交货订单；一种类型的产品计划有多个送达日期，也构成多份交货订单。 计算公式：按计划的提交日期准时全部完成交货的订单总数÷交货订单总数

指标	定义及计算方式
订单填充率	在连续接收订单和发货或者是总订单发货的情况下，测量订单在24小时之内发出的货物占应发订单总量的百分比指标。按存货制造的排程控制成品提供的时点，满足预测订单或订单发货的要求。由于集运原因在24小时之内能够发货但没有发出的订单单独报告。 在计算订单填充率的时间间隔的时候，从开始放货算起，到材料完全被运输接收为止。 计算公式：24小时之内从存货出货的订单数量÷总存货订单数量 同样的填充率概念可以用于订货产品群和个别产品，以提供产品群订货运送完成量百分率和产品运输完成量百分率的统计
可承诺量	由未承诺用途的库存部分和主生产排程中的计划生产部分构成，可承诺支持客户订单的数量。 可承诺量的数量为第一期中未决定用途的存货结存量，通常在每一期主产品生产计划预测后都要进行计算。在第一期中，可承诺量等于手上的库存减去到期和过期的客户订单。 可使用三种计算方法：不连续的可承诺量；包含预测的累计可承诺量；不含预测的累计可承诺量
产成品库存供应天数	从产成品销售的角度看，库存天数的定义是：库存金额除以平均日销售额，包括门店库存天数、配送中心库存天数、在途库存天数等
单证准确率	单证准确、准时交付的订单占总订单的百分比。单证包括提单、发票、包装清单等
货架断货率	断货：用来形容在一项拣货操作中，没有可用存货来满足一个顾客或者生产订单的需求。断货可能会造成严重的损失，包括缺少可销售产品的利润损失、丧失信誉、被替代，或者失去客户。 货架断货率可以从商品数量和商品价值两个指标来计算。 断货率=（短缺商品数量÷总订单数量）×100% 断货率=（短缺商品价值÷总订单价值）×100%
补货提前期	将库存从储备的储存位置、设施（或上游）移动到主要（或下游）储存位置或拣货点，或拣货操作进行的其他储存方式的流程所用的周期时间
补货准确性	准确补货的价值或数量占补货总价值或数量的百分比
补货及时性	准时交付的补货的数量占补货总价值或数量的百分比
在途库存	处于地理上相互分离的两地或多地之间运动的物品，例如，从工厂到配送中心运输途中的产成品。 在途库存是衡量整体供应链有效性时容易忽略的部分
容积利用率	在仓储作业中，用以衡量一辆车或一个仓库的总存储能力的指标
废弃库存占总库存的比重	废弃品的价值占库存价值的百分比

供应链绩效考核第 4 步：开始考核

1. 订单管理的定量绩效考核

订单管理定量绩效的指标包括订单周期、按时交货率、按要求交货率、周转率、订单管理成本、订单输入和维护成本、待发运订单数量等。每项指标的定义及计算方式如表6-38所示。

表6-38　订单管理定量绩效指标

指标	定义及计算方式
订单周期	从下订单到货物收到的整个时间和过程
按时交货率	在提交日期之时或之前已履行订单数的百分比，是内部调度系统效率的评估指标。交货评估指标是以一份完整订单的运输日期或运达日期为基础的。一份完整订单是按要求的数量送达所有的产品。一份订单必须完整，才能认为已履行。同一份订单上，不同类型产品计划有不同的送达日期，构成多份交货订单；一种类型的产品计划有多个送达日期，也构成多份交货订单。 计算公式：按计划的提交日期准时全部完成交货的订单总数÷交货订单总数
按要求交货率	在客户要求的交货日期之时或之前已履行订单数的百分比，是市场需求响应速度的评估指标。交货评估指标是以一份完整订单的运输日期或运达日期为基础的。一份完整订单是按要求的数量送达所有的产品。一份订单必须完整，才能认为已履行。同一份订单上，不同类型产品计划有不同的送达日期，构成多份交货订单；一种类型的产品计划有多个送达日期，也构成多份交货订单。 计算公式：按客户要求的提交日期准时全部完成交货的订单总数÷交货订单总数
周转率	产品进出仓库的运转比率
订单管理成本	企业供应链总成本的组成部分，包括如下成本： 新产品发布和维护成本：包括与新产品发布的地点、维护发布的产品、分配产品标识、定义产品特性和包装、公布供货计划、发布信息更新、维护产品数据库等相关的成本。 建立客户订单成本：包括与建立和计算报价单、准备客户订单文件相关的成本。 订单输入与维护成本：包括与维护客户数据库、核对信誉、接收新订单、加入订单系统以及后期订单调整相关的成本。 合同/项目和渠道管理成本：包括与合同谈判、监控进程、根据客户合同报告相关的成本，还包括绩效管理和与保修相关的成本
订单输入和维护成本	与维护客户数据库、核对信誉、接收新订单、加入订单系统以及后期订单调整相关的成本
待发运订单数量	
订单输入时间	
订单输入到订单准备发运的时间	
订单输入到开始生产时间	
安装成本	与产品安装相关的成本总和

指标	定义及计算方式
应收账款周转天数	应收账款是指企业因赊销产品或服务而形成的未收款项。 应收账款周转天数=365/应收账款周转次数。周转天数表示在一个会计年度内，应收账款从发生到收回周转一次的平均天数（平均收款期）
未发货订单数量	
正确安装率	正确安装的产品数量占安装产品总量的百分比
正确发票率	正确开出发票的数量占总发票数量的百分比
总询价单回复比例	回复的询价单占总询价单的百分比

2. 仓储/执行的定量绩效考核

仓储/执行定量绩效考核的指标包括上游交付适应性、上游交付弹性、下游交付适应性、库存准确性和库存精度、能力利用率、承运方报价反应时间等。每项指标的定义及计算方式如表 6-39 所示。

表6-39　仓储/执行定量绩效考核指标

指标	定义及计算方式
上游交付适应性	在假定制成品没有制成品供给约束的前提下，在30天内可以交付的最大数量的上浮百分比
上游交付弹性	在假定制成品没有制成品供给约束的前提下，满足交付数量增加20%所需要的天数
下游交付适应性	交付前30天内不承担罚则
库存准确性和库存精度	持有的实际库存占账目库存的百分比（加上或减去设定的误差）
能力利用率	使用资源生产产品或服务的强度指标。 能力利用率考核的因素包括内部制造能力、约束流程、直接劳动力供给能力、主要零部件/原材料供给能力
承运方报价反应时间	从收到承运人报价到反馈给承运人的周期时间
完成生产到订单准备发运的时间	
完成订单输入到订单准备发运的时间	
延迟交货率	延迟交货的数量或价值占订单数量或价值的百分比
订单集运比例	采用集运方式发货的订单占可集运发货订单数量的比例

3. 定制化 / 延迟的定量绩效考核

定制化 / 延迟定量绩效考核的指标包括上游交付适应性、上游交付弹性、下游交付适应性、需求满足率、服务水平等。每项指标的定义及计算方式如表6-40 所示。

表6-40　定制化/延迟定量绩效考核指标

指标	定义及计算方式
上游交付适应性	在假定制成品没有制成品供给约束的前提下，在30天内可以交付的最大数量的上浮百分比
上游交付弹性	在假定制成品没有制成品供给约束的前提下，满足交付数量增加20%所需要的天数
下游交付适应性	交付前30天内不承担罚则或库存罚则的生产下降的数量
需求满足率	生产能力与收到订单的百分比
服务水平	通过库存或根据当前即时的产品计划，确保需求、满足客户要求的交送日期和数量占总交付数量的百分比

4. 交付基础设施的定量绩效考核

交付基础设施定量绩效考核的指标包括交付周期、需求满足率和服务水平等。每项指标的定义及计算方式如表6-41 所示。

表6-41　交付基础设施定量绩效考核指标

指标	定义及计算方式
交付周期	与交付流程相关的平均时间周期
需求满足率	生产能力与收到订单的百分比
服务水平	通过库存或根据当前即时的产品计划，确保需求、满足客户要求的交送日期和数量占总交付数量的百分比

5. 运输流程的定量绩效考核

运输流程定量绩效考核的指标包括运输管理成本、运输成本、按时交货率、补货提前期、补货准确性、补货及时性、在途库存、能力利用率、承运方报价反应时间等。每项指标的定义及计算方式如表 6-42 所示。

表6-42 运输流程定量绩效考核指标

指标	定义及计算方式
运输管理成本	与管理运输流程相关的成功总和
运输成本	各种运输方式运送产品到客户的开支总和
按时交货率	在提交日期之时或之前已履行订单数的百分比,是内部调度系统效率的评估指标。交货评估指标是以一份完整订单的运输日期或运送日期为基础的。一份完整订单是按要求的数量送达所有的产品。一份订单必须完整,才能认为已履行。同一份订单上,不同类型产品计划有不同的送达日期,构成多份交货订单;一种类型的产品计划有多个送达日期,也构成多份交货订单。 计算公式:按计划的提交日期准时全部完成交货的订单总数÷交货订单总数
补货提前期	将库存从储备的储存位置、设施(或上游)移动到主要(或下游)储存位置或拣货点,或拣货操作进行的其他储存方式的流程所用的周期时间
补货准确性	准确补货的价值或数量占补货总价值或数量的百分比
补货及时性	准时交付的补货的数量占补货总价值或数量的百分比
在途库存	处于地理上相互分离的两地或多地之间运动的物品。例如,从工厂到配送中心运输途中的产成品。在途库存是衡量整体供应链有效性时容易忽略的部分
能力利用率	使用资源生产产品或服务的强度指标。 能力利用率考核的因素包括内部制造能力、约束流程、直接劳动力供给能力、主要零部件/原材料供给能力
承运方报价反应时间	从收到承运人报价到反馈给承运人的周期时间

6. 电子商务交付的定量绩效考核

电子商务交付定量绩效考核的指标包括服务水平、电子商务接收和处理订单的比率、电子商务交付的比例、系统正常运行时间和实时数据准确性等。每项指标的定义及计算方式如表 6-43 所示。

表6-43 电子商务交付定量绩效考核指标

指标	定义及计算方式
服务水平	通过库存或根据当前即时的产品计划,确保需求、满足客户要求的交送日期和数量占总交付数量的百分比
电子商务接收和处理订单的比率	采用电子商务方式(EDI等)接收和处理订单占订单总数的百分比
电子商务交付的比例	考核期电子交付的产品数量或价值占总交付数量或价值的百分比

指标	定义及计算方式
系统正常运行时间	系统运行时间占全年365天（每天24小时）的百分比，或系统正常运行的时间占总运行时间的百分比。（最佳实践：基本不会瘫痪，正常运行时间在99.97%以上）
实时数据准确性	系统保证实施数据的准确性占总数据量的百分比

7. 管理客户/顾客伙伴关系的定量绩效考核

管理客户/顾客伙伴关系定量绩效考核的指标包括服务水平，按客户要求制定流程、产品和服务的比例，与客户共同管理存货计划（比如 VMI）和协同补货计划（CPFR）的比例等。每项指标的定义及计算方式如表 6-44 所示。

表6-44　管理客户/顾客伙伴关系定量绩效考核指标

指标	定义及计算方式
服务水平	通过库存或根据当前即时的产品计划，确保需求、满足客户要求的交送日期和数量占总交付数量的百分比
按客户要求制定流程、产品和服务的比例	
与客户共同管理存货计划(比如VMI)和协同补货计划（CPFR）的比例	
按客户反馈和市场要求定义产品规格的比例	
按客户数量对提供的服务进行年度内部评审的比例	
按照客户要求，以客户计分卡测量关键绩效指标的频率	
五级客户满意度的百分比	
由客户关系管理（CRM）软件输入和保持客户信息的比例	
以客户为基础的ABC赢利性在每一期末的两天内自动获得	
客户赢利性分析与所有业务部门分享，并用于决策制定	
客户分组以用于改进提供的服务的需要集群和相关赢利边际为基础	

8. 售后技术支持的定量绩效考核

售后技术支持定量绩效考核的指标包括服务水平、服务备件订单满足率、服务备件订单循环周期、正确安装率、安装成本、安装周期、呼叫中心绩效、售后服务支持的时间范围和售后服务绩效考核频率等。每项指标的定义及计算方式如表 6-45 所示。

表6-45　售后技术支持定量绩效考核指标

指标	定义及计算方式
服务水平	通过库存或根据当前即时的产品计划，确保需求、满足客户要求的交送日期和数量占总交付数量的百分比
服务备件订单满足率	满足客户备件要求的订单占总备件订单的百分比
服务备件订单循环周期	完成备件服务订单的周期时间
正确安装率	正确安装的产品或订单数量占总安装数量或订单的百分比
安装成本	与产品安装相关的成本总和
安装周期	以天计算的产品安装时间周期
呼叫中心绩效	在首次呼叫中所有技术问题得到解决的百分比。（最佳实践：企业首次呼叫中所有技术问题80%得以解决）
售后服务支持的时间范围	完全支持7×24小时服务的比例
售后服务绩效考核频率	绩效每天、每周或者每月进行评估

9. 客户数据管理的定量绩效考核

客户数据管理定量绩效考核的指标包括客户数据库的准确性和客户数据库的更新周期等。每项指标的定义及计算方式如表 6-46 所示。

表6-46　客户数据管理定量绩效考核指标

指标	定义及计算方式
客户数据库的准确性	信息准确的客户数据占客户数据库总数的百分比
客户数据库的更新周期	最佳实践企业数据是最新的和实时更新的

第六节　回收流程绩效指标定性与定量分析

核心要点

本节主要介绍了回收流程绩效考核的定量指标和定性分析，以及它们的考核方式。

实践指导

　　要想做好供应链－回收流程的考核，企业就要了解在回收流程中，供应链绩效考核都考核哪些定量和定性指标，并根据表格中给出的方式进行考核。

回收流程定性绩效考核

　　回收流程的定性绩效考核包括收货和仓储的定性绩效考核、回收运输的定性绩效考核、修理和翻新的定性绩效考核、回收沟通的定性绩效考核、管理客户预期的定性绩效考核5个方面，我们以表格的形式进行具体介绍。

　　1. 收货和仓储的定性绩效考核

　　收货和仓储的定性绩效考核包括系统集成、检验/分析、检疫、处置等，具体内容如表6-47所示。

表6-47　收货和仓储定性绩效考核

收货和仓储			
系统集成			
收货和仓储系统没有实现集成化	←	• 订单管理与回收流程一体化（集成），使用同一系统，捕获订单、发货、回收授权/信息	→	• 将回收管理设计成为包括订单管理、收货、翻新/修理，以及财务在内的一个一体化（集成）的流程 • 将回收品的编号及数量与原始订单一一核对 • 回收和产品主要缺陷分析是一体化的流程体系，每在做出初步决定，比如是否增加或减少客户信用，在最终的检查分析中可能得到与最初截然不同的决定 • 记录详细的信息，以减少回收品的数量，并提高回收流程的速度

收货和仓储		
检验/分析		
未建立收回品评估、分析和处理的流程	←	• 对收回品进行损失评估，并对收回原因进行编码 • 按照标准收货流程对回收品进行处理，包括采用提前出货通知（ASN）系统 • 要求跟踪的产品及零部得到适当处理	→	• 根据产品/存储单元和客户退货原因的报告，确定对收回品的检验与分析 • 将缺陷零部件的问题记录存档，并提供检索 • 回收品由经专业训练的人员全面分析检验 • 有专门的设备用来测试和探查产品的缺陷 • 将产品的使用效果等生命周期信息反馈给产品的设计及工程部门，形成"闭环管理"
检疫		
未建立规范的检疫流程	←	• 回收品放至安全的区域等候处置 • 有足够和安全的空间存放回收品 • 贴上标签以便识别	→	• 使用可靠的、专门的区域进行回收品的管理和检验 • 收到的回收品被立即放至检疫区，并对其进行追踪直至处理掉 • 运用条码或射频（RF）标签来识别检疫产品
处置		
未建立规范的处置流程	←	• 按时间分类回收品，并直接再销售、再加工或销毁 • 将有缺陷的零部件返回给供应商进行分析 • 对记录的信息进行人工维护，必要时须定期调出显示 • 根据信用备忘在收货后5天之内进行处理 • 无缺陷产品转至产成品库 • 采用符合环保要求的手段对产品进行销毁或弃置	→	• 用回收处理原则管理仓储、修理中心和第三方物流供应商 • 审计轨迹提供准确处置过程 • 所有产品和零部件完全得到处置，并有状况追踪 • 与供应商形成伙伴关系，一起制定缺陷零部的保修分析

2. 回收运输的定性绩效考核

回收运输的定性绩效考核包括终端用户回收运输和渠道商回收运输等，具体的内容如表 6-48 所示。

表6-48　回收运输定性绩效考核

回收运输		
终端用户回收运输		
未建立回收运输的清晰指引	← ●客户收到"回收商品授权（RMA）"标识和电话标签，提供致电上门取回（缺陷产品）的清晰指引	→ ●客户收到回收的产品装运箱和包装 ●装运箱已预先贴好了具有RMA信息的标签 ●客户可通过网址预定承运人取货的时间
渠道商回收运输		
未建立渠道回收的清晰指引	← ●RMA运输标签附有原始出货信息 ●在货运过程中，通过捕获到的RMA标签上的追踪号识别回收品	→ ●与具有战略伙伴关系的客户和承运商一起制定正式的回收流程 ●充分利用RMA标签和条码/射频识别（RFID）技术来识别产品

3.修理和翻新的定性绩效考核

修理和翻新的定性绩效考核包括直接返回客户的产品、转到翻修库的产品和分拆／旧件库存等，具体内容如表 6-49 所示。

表6-49　修理和翻新定性绩效考核

修理和翻新		
直接返回客户的产品		
没有建立产品修理和翻新后直接返回客户的规范流程	← ●正确识别和标识修复产品，确保产品给到正确的顾客 ●有跟踪要求的产品和零部件得到正确标识 ●对每个特定维修的产品单元分配单独的"修理单" ●在修理结束之前，主要是通过电话、传真或电子邮件等方式，提前通知客户，并取得顾客授权 ●考虑对提供维修服务的单位的所有附加保修或政府强制修理等问题 ●准确履行修理单承诺并提供修理单状态信息供查询	→ ●修理件都贴有条码或射频码（RF）以备追踪 ●修理单上附有条码，以便提高员工的准确率 ●零部件服务期限到期前，告知顾客相关信息 ●允许用户特定的修理和翻新程序 ●系统自动执行用户通知/修理授权流程 ●每个修理单都能查到相应的人工及物料消耗量，获得保修或向客户收费的详细依据 ●临时性因修理产生的"外协成本"，计入最终向用户收取的修理费中或质保成本中心 ●尽量缩短平均修理时间 ●根据机器的数量、寿命、已使用年限，以及零部件的使用率及损坏率预测对零部件的需求 ●采取科学的方式设定零部件库存水平

修理和翻新		
转到翻修库的产品		
没有建立转到翻修库的产品的规范流程	←	• 采用严密的目测、电子或液压等手段，检查零部件，以确保翻修产品的质量 • 有跟踪要求的产品和零部件得到正确标识 • 修理时优先使用旧备件，其次再用新备件 • 修理完工的产品，要通过与新产品相同的质检 • 翻修的产品得到正确标识，包括评价翻修品达到水平的信息 • 维修完的产品与新产品分开区域存储	→	• 所有此类的修理品都附有相应的条码或射频识别标志 • 翻修所耗费的人工和原材料与正常制造流程分开记录 • 对零部件的需求预测会考虑机器的数量、寿命、已使用年限，以及零部件的使用率及损坏率 • 采取科学的方式设定零部件库存水平 • 向存货管理系统提交在修品的信息
分拆/旧件库存		
分拆/旧件库存产品没有实现严格检验和标识	←	• 采用目测、电子或液压等手段，对即将入库的部件进行严密的检验 • 有跟踪要求的产品和零部件得到正确标识 • 旧部件要与新部件分开区域存放	→	• 所有此类旧部件都附有相应的条码或射频识别标志

4. 回收沟通的定性绩效考核

回收沟通的定性绩效考核包括回收品授权流程、电子商务和呼叫中心等，具体内容如表 6-50 所示。

表6-50　回收沟通定性绩效考核

回收沟通		
回收品授权流程		
未建立规范的回收品授权流程	←	• 存在处理产品回退不需提前核准的流程 • 相关数据由人工输入订单输入系统，处理客户信誉 • 自动的回收处理程序避免了书面工作的瓶颈	→	• 回收部门采用先进的OE系统扫描回收品的条码信息，并处理客户信誉 • 终端用户通过传真或电子邮件收到确认通知 • 系统确认后续流程（储存、报废、再加工）

续表

回收沟通			
电子商务、			
回收过程中没有建立电子商务沟通系统	←	• 客户可通过网站跟踪了解回收品从运回厂家直到处置的全过程 • 网站提供回退品运输跟踪信息	→	• 客户可通过互联网发出退货申请，接受RMA • RMA承运伙伴通过对接的互联网系统制订计划上门取货
呼叫中心			
回收过程中没有设立专门的呼叫中心	←	• 有专门处理回收过程的呼叫中心 • 呼叫中心提供一流的技术支持和问题分析能力	→	• 呼叫中心安排运送替代品给客户 • 呼叫中心尽可能促销

5. 管理客户预期的定性绩效考核

管理客户预期的定性绩效考核包括终端用户回收的处理、渠道商回收的处理和财务交割等，具体内容如表6-51所示。

表6-51　管理客户预期定性绩效考核

管理客户预期			
终端用户回收的处理			
终端用户回收没有得到充分沟通和规范处理	←	• 客户在产品包装里收到回收说明 • 指引客户联系呼叫中心，呼叫中心处理RMA、提供使用者培训，避免不必要的回收	→	• 客户可以通过支持中心或在线界面一次性同时办理接收RMA和预订承运人取货时间的业务 • 客户可通过支持中心或互联网进行实时进程追踪 • 客户通过电子邮件收到回收品收条和维修等级确认函
渠道商回收的处理			
没有建立规范的渠道商回收处理流程	←	• 基于与客户间的合同条款有双方同意的回收处理原则（如时间要求、回收占销售的比例要求，等等） • 客户可通过呼叫中心或互联网收到"回收商品授权"（RMA） • 客户可以同时办理接收RMA和预订的取货时间业务 • 客户可通过互联网进行实时追踪	→	• 为提供可靠的订单/回收客户服务，将回收订单管理和收货/检验环节与订单/客户管理团队实施集成化管理 • 渠道商可通过互联网进行实时状态追踪

管理客户预期		
财务交割		
没有建立规范的财务交割流程	← • 在对回收品进行全面检验后方可出具贷项通知单（credit memo） • 在对回收品进行全面检验后及时签发贷项通知单 • 准确、及时地向客户开单 • 完整存货调整是回收流程的组成部分之一 • 根据合同允许的条款，对保修相关的修理发生的维修，向供货商收取相应费用	→ • RMA流程控制单和贷项通知单的签发作为不可分割的功能同时发出 • 贷项数额可以根据综合产品测试和回收管理而调整

回收流程定量绩效考核

回收流程的定量绩效考核包括收货和仓储的定量绩效、回收运输的定量绩效考核、修理和翻新的定量绩效考核、回收沟通的定量绩效考核、管理客户预期的定量绩效考核 5 个方面。

我们先介绍一下回收流程的关键绩效指标，包括回收管理成本，过剩产品回收与准备再销售周期，过期与到期产品回收处理周期，修理翻新再使用的产品回收周期，过剩产品回收与准备再销售周期，回收品处理成本，执行退货许可准则的时间和成本，回收品的物料接收、财务、计划和 IT 成本，回收品订单管理成本，回收品存货成本，保修成本，回收处置成本等。每项指标的定义及计算方式如表 6-52 所示。

表6-52 回收流程关键绩效指标

指标	定义及计算方式
回收管理成本	与将货物从客户退回至生产厂商的整个过程相关的成本总和。产品的退回可能是由于功能问题，或只是因为客户不喜欢该产品
过剩产品回收与准备再销售周期	回收客户与分拨中心处的过剩产品并使其做好再销售准备的所有时间。该周期包括回退产品授权RPA（remote patron authorization）生成并被接收的时间、产品运送回收的时间以及产品收回准备再售的时间

续表

指标	定义及计算方式
过期与到期产品回收处理周期	对过期与报废产品进行回收处理所需的全部时间。该周期包括RPA生成并被接收的时间、产品运送收回的时间，以及产品收回后直至清理完毕（再利用）所用的时间
修理翻新再使用的产品回收周期	产品回收并修理所需的全部时间。该周期包括RPA生成并被接收的时间、产品运送收回的时间、产品收回后修理准备工作时间、产品开始修理直至再使用所用的时间
过剩产品回收与准备再销售周期	回收客户与分拨中心处的过剩产品并使其做好再销售准备的所有时间。该周期包括RPA生成并被接收的时间、产品运送收回的时间以及产品收回准备再售的时间
回收品处理成本	处理修理、翻新、过量、过期和报废产品而发生的总费用，包括故障诊断和产品更换等。该费用包括物流费、物料费、集中处理费、疑难排解服务费、现场诊断和修理费、外协费及其他杂项费用。这些费用均用于回收品订单管理、回收品存货运送、回收品物料获取，以及回收品财务、计划、IT、清理和保修成本
执行退货许可准则的时间和成本	与回收物料授权/回收商品授权相关的成本总和。为了确认或授权回收有问题（或可能有问题）产品至分拨中心或生产厂商而产生的授权号。通常会要求附上保修单以便公司查清产品批次以及回收的原因。RMA号通常作为指令，注明了对回收品修理的要求，也是确定信用等级的参考
回收品的物料接收、财务、计划和IT成本	获取对缺陷产品和用于修理或翻新的物料而发生的费用，包括因回收作业而发生的所有的财务、计划和IT费用。供应链管理总成本中部件获得（获取用于维修的物料）成本下对应的成本项，供应链相关的财务和计划成本，以及供应链IT成本
回收品订单管理成本	管理RMA所引致的成本，包括供应链管理总成本中部件订单管理成本下对应的成本项
回收品存货成本	回收品存储管理而发生的费用，这些物品由下述原因而回收：维修、翻新、超量、过期、报废、生态适应性等，包括供应链管理总成本中存货运输成本中对应的成本项
保修成本	包括因维修回收产品而发生的原材料、劳动力和问题诊断的成本
回收处置成本	处理或回收因客户退货、到期或报废的产品而产生的费用
无差错许可退货占总许可退货的比率	

1. 收货和仓储定量绩效考核

收货和仓储定量绩效考核的指标有27项，如表6-53所示。

表6-53 收货和仓储定量绩效考核指标

指标
从客户提出退货许可请求到正式接到退货许可的周期
无差错许可退货占总许可退货的比率
研究退货还是丢弃处理的决策周期
把退货退回供应链的订单管理成本
退货许可成本与采购配送总成本比率
退货接收和存储成本占采购退货总成本的比重
退货接收成本占 MRO 成本的比重
退货接收成本占产品退货成本的比重
退货接收周期
退货反应周期
退货许可计划生成周期
退货库存供应天数
退货订单输入和维护成本
退货产品供应天数
退货产品管理和计划成本占产品退货
成本的比重
退回MRO库存价值占产品担保总成本的比重
废弃品供应天数
MRO库存价值
退货库存供应天数
待退货处理的MRO库存价值占MRO总库存的比重
实体退货阶段的MRO库存价值占MRO总库存的比重
退货接收阶段的MRO库存价值占MRO总库存的比重
退货许可请求阶段的 MRO库存价值占MRO总库存的比重
退货计划阶段的MRO库存价值占MRO总库存的比重
退货运输阶段的MRO库存价值占MRO总库存的比重
退货验收成本占产品退货成本的比重

2. 回收运输的定量绩效考核

回收运输定量绩效考核的指标有 19 项，每项指标的定义和计算方式如

表6-54所示。

表6-54　回收运输定量绩效考核指标

指标
回收运输周期，指运输回退品的平均运输时间
回收运输成本，指与回收运输相关的开支总和
产品发货无差错率
准时退货发货率
退货运输正确操作比例
无差错退货的发运比重
运输期间 MRO 运输丢失或损坏比例
满足客户要求退货日期的发货计划率
从问题确认到条件确认的周期
从退货许可到实际发运退货的周期
从退货许可到计划发送退货的周期
从客户提出退货许可请求到正式接到退货许可的周期
更新发运计划变更周期
MRO退货配送成本
退货物料许可成本
退货加急处理时间和成本
退货需求处理反应时间和成本
运输时间和成本
全部生产人员数

3. 修理和翻新流程定量绩效考核

修理和翻新定量绩效考核的指标有18项，每项指标的定义和计算方式如表6-55所示。

表6-55　修理和翻新定量绩效考核指标

指标
研究退货还是丢弃处理的决策周期，即决定退货处理所用的时间长度
处理成本，即与处理回退品相关的成本总和

指标
MRO库存价值
退回MRO的库存价值占产品担保总成本的比重
确认的 MRO 退回维修服务部的比例
运输期间 MRO 运输丢失或损坏比例
MRO 计划成本占采购退货总成本的比重
MRO 配送退货成本
MRO 退货处理成本占采购退货总成本的比重
废弃品供应天数
退货接收成本占 MRO 成本的比重
退货加急处理时间和成本
待退货处理的MRO库存价值占MRO总库存的比重
实体退货阶段的MRO库存价值占MRO总库存的比重
退货接收阶段的MRO库存价值占MRO总库存的比重
退货许可请求阶段的 MRO库存价值占MRO总库存的比重
退货计划阶段的MRO库存价值占MRO总库存的比重
退货运输阶段的MRO库存价值占MRO总库存的比重

4. 回收沟通的定量绩效考核

回收沟通定量绩效考核的指标包括从客户提出退货许可请求到正式接到退货许可的周期、从问题确认到条件确认的周期、系统自动生成回收品授权RMA 的比率、经过专门处理回收过程的呼叫中心处理的回收的比率4 项，如表 6-56 所示。

表6-56　回收沟通定量绩效考核指标

指标
从客户提出退货许可请求到正式接到退货许可的周期
从问题确认到条件确认的周期
系统自动生成回收品授权RMA的比率
经过专门处理回收过程的呼叫中心处理的回收的比率

179

5. 管理客户预期的定量绩效考核

管理客户预期定量绩效考核的指标包括退货需求处理反应时间和成本、退货比例、追加销售的量或比例等5项,每项指标的定义和计算方式如表6-57所示。

表6-57　管理客户预期定量绩效考核指标

指标
退货需求处理反应时间和成本,指处理客户需求的时间周期和与处理客户回退需求相关的成本
退货比例,指退货数量或价值占订单数量或价值的百分比
追加销售的量或比例
呼叫中心避免的不要回收的比例
客户可通过支持中心或互联网进行实时进程追踪的比例

供应链绩效考核第5步：
标杆对照

07

要想获得更全面的考核结果，企业要积极引入标杆绩效考核法。一方面企业可通过与标杆企业对照从而了解本企业的不足之处；另一方面企业也可以"见贤思齐，见不贤而内自省也"，借鉴标杆企业的优胜之处，汲取经验，改善本企业的供应链绩效。

第一节　确定外部标杆并收集绩效数据

核心要点

　　本节主要介绍了如何选择外部对标企业和收集标杆企业的绩效数据。

实践指导

　　在进行外部标杆对照时，企业一方面要选择适合本企业的有指导意义的标杆企业，另一方面也可以学习对标企业在供应链管理上的优胜之处，了解本企业的供应链绩效情况，确定需要改进的地方。

选择外部对标企业

　　所谓外部对标企业就是指标杆企业，既指那些拥有可测量的、业界最佳水平的成绩或者得到认可的绩效水平，可以作为特定商业流程的卓越标准的企业。

　　标杆对照即通过标杆绩效考核法以标杆企业为标准，将本企业的产品、服务和管理等方面的实际状况与之对照进行评价和比较，同时学习和应用标杆企业的最佳实践和流程，帮助本企业提高供应链管理绩效。

　　通常来说，标杆绩效考核法中的"标杆"的基本构成有两部分，分别是最佳实践和衡量标准。最佳实践是指行业中的领先企业在供应链管理中所推行的最有效的措施和方法。衡量标准是指能真实客观地反映供应链管理绩效的评价指标体系，以及与此相应的作为标杆的基础数据，例如单位成本、顾客满意程度、周转时间等。

因此，供应链绩效考核中，选择标杆企业时要遵循以下两个原则。

一是具有卓越的业绩与经济效益，在行业中具有最佳实践的领先企业。所谓向优胜者看齐，越是在供应链管理上做得优胜的企业越可能具有借鉴价值。

二是标杆企业应与本企业或本部门有相似的供应链特性。标杆企业可以是行业中的企业，也可以是跨行业但具有相近或相似供应链特性的企业。选择的标准是具有可比性，不要遗漏任何一个有可能在供应链管理实践中绩效优秀的企业或部门。

通常情况下，最直接的标杆企业是同行企业，但是跨行业对照也具有价值。通常在一个行业内运作成功的实践方法，也能应用到其他行业。因此，除了外部竞争者之外，企业还应该研究其他行业的非竞争者，只要它具有相似的供应链特性。当然，行业内有最佳实践的企业一定是标杆企业的首选，因为同行业企业具有类似的生产流程、类似的配送渠道以及其他确实可以对标的类似的动态因素等。否则，企业就无法设定出切实可行的对标目标。总之，相对跨行业企业对标来说，同行业企业对标更具有参考性和价值性。

收集标杆企业的绩效数据

外部对标需要从标杆企业收集绩效数据，通常这部分绩效数据是高度敏感的数据，所以许多企业都不愿意把此类数据直接提供给竞争者，甚至不愿意提供给非竞争者。因此，企业可以考虑加入由第三方组织的标杆调查，或者参考专业的研究机构和行业协会所制定的绩效研究报告，据此收集绩效数据。

这些标杆数据服务商会提供专业的供应链绩效评价指标数据，并与参与企业共同合作，确保所收集的数据清晰准确。在选择标杆数据服务商时，企业需要找一个能提供对卓越绩效相关的供应链实践进行全面评估的标杆数据服务商。实践与绩效之间的关系,正是企业了解如何改进供应链,使之达到新的绩效水平的关键。

第二节　设定内部标杆并做好标杆管理

核心要点

　　本节主要介绍了如何设定内部标杆绩效评价指标体系和做好内部标杆管理。

实践指导

　　在进行内部对照时,企业一方面要了解本企业在供应链管理中的哪些环节、业务区和业务点上还存在不足,另一方面也要及时从中汲取经验,进而有的放矢地做出改进,发挥出内部对照的价值。

设定内部标杆绩效评价指标体系

　　内部对标是指不需要从其他企业获取敏感数据,仅涉及评估企业内部使用一致定义的可比较的职能领域、流程及基础设施的绩效水平。例如,企业可以比较一系列制造设施、仓库、配送中心、采购组织及订单管理团队的绩效水平。

　　同外部标杆一样,内部标杆也能为企业提供极具价值的数据,促使企业改进供应链绩效。内部标杆能够帮助企业确定具体业务单元、业务区或业务点的绩效最佳,因此企业可以正确指出创造差异化的潜在实践,进而在整个企业加以推行。

企业确定内部标杆就是确定企业内部最佳职能以及标杆绩效评价指标体系，使之成为企业设定内部相似职能的绩效目标的基础。

● 做好内部标杆管理

尽管内部对标可能比从竞争对手那里收集外部数据来得容易，但是大多数大企业的组织结构相当复杂，甚至跨越不同地区的不同业务单元。如果企业各个不同的业务单元没有共享的流程、信息系统以及跨业务单元的基本数据，内部标杆管理就会相当艰巨。即便如此，内部对标仍是值得企业推行之举。

一旦企业就标杆绩效评价指标体系及其相关定义达成一致，收集内部标杆数据就很简单了。由于内部组织是在相同的企业组织结构中运作，对对标基准是否相关的争议通常很少。

企业应该更严密地监督内部标杆管理。在极少的情况下，内部标杆管理会导致企业的业务单元甚至事业部之间无效的利益之争。在极端的情况下，业务单元甚至企图通过"博弈系统"以获得更多的利益。企业若发现存在这种状况，必须立即采取行动予以制止。

第三节　标杆对照并分析绩效差异

核心要点

对企业来说，引入标杆对照的目的是分析企业与对标企业之间的绩效差异，进而提升本企业的绩效。本节主要介绍了企业在标杆对照并分析绩效差异时需要做的一些工作，包括内外对标的顺序以及如何使用计分卡等。

实践指导

在标杆对照并分析绩效差异的环节，建议企业先进行内部对标，再转向外部对标；在此基础上，借助供应链计分卡分析绩效差距，进而根据计分结果做出调整。

先进行内部对标，再转向外部对标

外部标杆和内部标杆确定之后，接下来要做的工作就是通过标杆对照分析绩效差异。

在这个环节，首先要进行内部对标，即先根据内部标杆设定内部绩效评价指标并收集相关的标杆数据，再转向外部对标，把企业的绩效与外部标杆企业进行比较。

企业可以选择与同行业的竞争对手对标，也可以选择与其他行业的相似企业进行比较。

为了减少对对标企业相关性的质疑，企业需要做全面透彻的分析，以确定外部标杆的重要意义。在这个环节，企业可以借助标杆服务商的力量。标杆服务提供商可以帮助企业选择一组相关的对标企业，尤其是在企业需要与不同行业的企业进行对标时，标杆服务提供商更能助企业一臂之力。

有些标杆服务提供商会提供定制化的对标企业，对标企业可以从中选择具有相似业务特性的对标企业进行比较，例如选择具有相似的产品复杂度、地域分布、运营战略的对标企业。

分析企业与对标企业之间的绩效差异时，需要特别注意低于标准绩效（subpar performance）的战略性的关键领域，同时需要调查出任何绩效问题的根源，并评估缩小绩效差异的各个业务实践的变革方案。在整个差异分析过程中，必须确保全面分析定性与定量两个方面的标杆数据。定性数据包括对对标企业业务运作的实践方式进行评估。

● 借助供应链计分卡分析绩效差距

企业可以借助供应链计分卡分析绩效差距，如表7-1所示。

表7-1 典型的供应链计分卡

关键观点	供应链绩效评价指标	与对标企业的比较					本企业
		0%~20% 重要机会	20%~40% 劣势	40%~60% 一般	60%~80% 优势	60%~100% 最佳	
面向外部客户的绩效指标	按客户要求日期交货绩效（%）			82.1%		97.3%△	96.3%
	按承诺日期交货绩效（%）			91.1%	△	99.2%	92.8%
	订单完成提前期基本运营战略（天数）		△	7.9		2.4	11.0
	上游生产柔性：首要约束（天数）			49.0	△	5.5	25.0
面向内部的绩效指标	供应链管理总成本（占营业收入%）			10.3%	△	4.7%	6.9%
	退货处理成本（占营业收入%）			0.9%		0.2%	66.6%
	库存供应天数			64.2	△	23.6	39.0
	现金周转时间（天数）			76.3	△	22.3	43.6
	净资产周转次数			2.0		9.1△	5.9

（注：△表示你所在的组织）

企业可以在供应链计分卡上标记自己的位置，然后与对标企业进行比较，了解自己的绩效水平与对标企业之间的差距。

供应链绩效考核第6步：
绩效提升

08

绩效提升是供应链绩效考核的最后一步，也是企业非常关注的一步。当然，绩效提升也需要稳扎稳打，企业需要制定供应链绩效提升的路线图，并做好持续提升绩效的准备。

第一节　制定供应链绩效提升的路线图

核心要点

从某种程度上说，企业进行绩效考核的最终目的是提升绩效，有效地改善企业当前供应链管理中的弊端。所以，通过前面几个步骤，企业在供应链绩效考核上已经得出了一个绩效考核结果。当然，罗马不是一天建成的，如果企业管理者企图通过一次供应链绩效考核和标杆对照就能使得供应链绩效产生一个质的改变，这是很难的。因此，在这样的条件下，企业要针对每个绩效评价指标设定一个绩效目标，以此制定绩效提升的路线图，一步一步有计划地提升绩效。在制定供应链绩效提升的路线图上，企业要先确定绩效提升目标，然后在此基础上再去制定绩效提升路线图。

实践指导

要想制定供应链绩效提升的路线图，企业要做到3点：一是洞察先前无法与总体战略目标相一致的绩效目标，二是基于自身的条件确定现有流程绩效所取得的效果，三是与最佳实践进行比较，了解自己企业的绩效水平。

确定绩效提升目标

企业通过绩效分析得到绩效考量结果后，如果计划运用绩效评价指标评判供应链运作绩效，就必须给每个绩效评价指标设定一个绩效提升目标。

在制定绩效提升目标时，不少企业错误地认为要将所有的绩效指标、所有的流程都做到最佳，都达到卓越水平。事实上，几乎没有哪一家企业能够在所有的绩效指标上都表现卓越。如果对每个绩效指标都设置了过高的期待，很可能那些无法达成的目标会产生破坏作用，而不是提高绩效。因此，企业首先必须从对企业总体战略目标达成一致开始，进而洞察先前无法与总体战略目标相一致的目标。

供应链一个方面的绩效提高，并不一定需要以另一个方面的绩效恶化为代价，但是企业若要在一个重大领域达成一定的绩效目标，也许必须要接受另一个领域绩效恶化的事实。同样，企业也有可能在提高了许多局部绩效的情况下，并没有提高整体绩效。在必要的时候，企业必须牺牲某些职能部门的局部利益，以提高整体绩效。

因此，企业应基于自身条件确定供应链绩效提升目标。最简单的方法就是以历史的绩效和基准绩效为基础，设定一定的改进百分比作为绩效目标。利用这种方法，企业就很容易评估出一个特定时期内某特定领域的绩效，并确定基准绩效及绩效提升目标。但是必须确保将绩效提升目标与企业的战略变革或组织变革保持一致。常见的情况是，由于标杆数据显示特定的绩效水平是可能达到的，于是企业就以此为基础制定绩效提升目标，并坚信这是既合逻辑又可实现的目标。

制定绩效提升路线图

企业确定绩效提升目标之后，就要制订绩效提升计划，即绩效提升路线图。

制定绩效提升路线图，首先要按照企业战略，与最佳实践进行比较，找出哪个供应链流程是核心竞争力，哪个供应链流程不那么重要；其次，企业要决定自己的供应链绩效水平是能成为"领头羊"，还是"满足最低标准"就可以；最后，企业要以此来制定适合自身条件的绩效提升路线图，如图 8-1 所示。

流程	低于最低标准		达到标准		最佳实践
1.0 计划流程					
1.1 供应链计划	□				★
1.2 供给需求协同		□ →	★		→
1.3 库存管理		→		★□	
2.0 采购流程					
2.1 战略采购		□		★	
2.2 供应商管理	★□		→		
2.3 购买				★□	
2.4 内向物流			□★		
3.0 制造					
3.1 产品工艺	□			★	
3.2 伙伴关系与协作		□ →	★		→
3.3 产品服务的定制化	★	→			□
3.4 制造流程		→	★□		→
3.5 精益制造	□				★
3.6 制造基础设施		→		□★	→
3.7 支持流程		★	□		

图8-1　供应链绩效提升路线图

绩效考量集团建议的策略参考了一个十项全能冠军的例子。在供应链流程中领先的企业，在多数领域能够打败竞争对手，但不是所有的领域。它不一定在所有的流程都达到最佳指标，但在其战略重点领域，一定是最卓越的。企业要了解自身的能力、优势和劣势，同时也要了解竞争对手的能力、优势和劣势。例如，领先的企业应将大部分资源用于其必须有领先优势的领域（并与其竞争知识、客户和利益相关者的要求、业务战略相一致），而在其他绩效指标方面，保持最低的竞争性即可。企业也可以学习领先企业的供应链管理策略，将主要精力放在最具有竞争力的项目上，继续保持领先优势，然后逐步提升其他的绩效项目。

企业可以根据供应链绩效提升路线图来确定自身绩效提升的重点流程。

第二节　供应链绩效持续提升

核心要点

本节主要介绍了供应链绩效持续提升循环图和供应链绩效持续提升的 5 个关键点，指导企业持续提升绩效。

实践指导

要想持续改进供应链绩效，企业要做到 5 点，一是发展本企业的核心业务；二是与其他企业展开紧密合作；三是运用信息技术优化供应链；四是不断改进供应链的各个流程；五是以客户为中心，以市场为导向。

供应链绩效持续提升循环图

供应链绩效提升是一个持续的过程，图 8-2 描述了供应链绩效持续提升循环图。

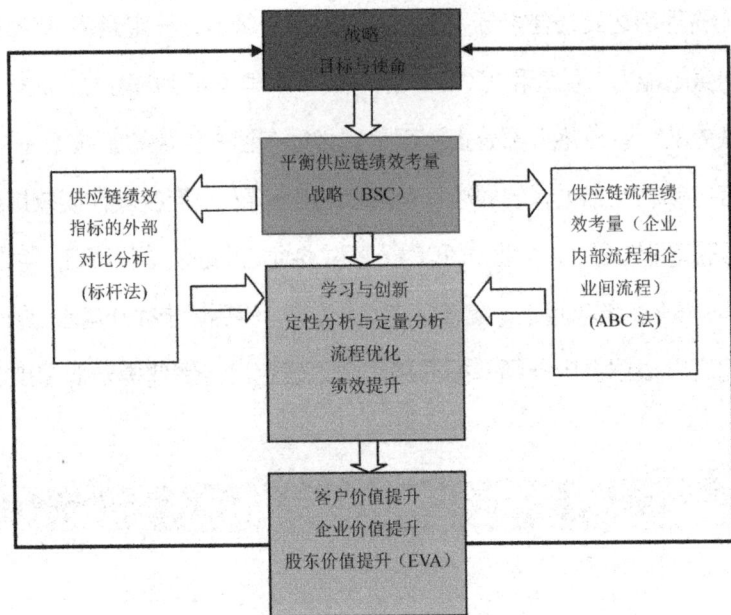

图8-2　供应链绩效持续提升循环图

　　供应链绩效考核的结果，将能提升客户价值、企业的市场价值、股东价值，帮助企业实现既定的战略目标和使命，增强企业的竞争优势，提升企业的战略地位。基于此，企业应制定新的战略，进入下一轮绩效考核，并通过学习与创新，形成可持续的绩效提升的循环。

供应链绩效持续提升的5个关键点

　　不少企业采取降低采购成本、物流成本的方式来优化供应链，提升绩效。其实这种简单粗糙的供应链管理方式并不是优化供应链，其实质是降本。可能经过实施，供应链采购成本和物流成本降低了一些，但是还远远谈不上供应链优化，对整个供应链也并没有改进作用，只是利益在供应链上下游业务主体之间转移。这种简单的优化不仅不能创造出价值和利润，反而会让企业陷入困境。

　　企业要想实现供应链绩效持续提升，要抓住以下5个关键点。

一是强调并集中发展企业的核心业务和竞争力。 对企业来说，要想持续提升供应链绩效，首先要关注企业的核心业务和竞争力。从某种程度上说，没有核心业务和竞争力的企业，即便供应链绩效获得一定程度的提升，也很难在众多企业中脱颖而出，很难获得竞争优势。因此，企业要明确自己的优势和专长，并集中力量在某个专长领域即核心业务上，才能在供应链上准确定位，成为供应链上一个不可替代的角色。

二是加强企业间的紧密合作。 供应链持续提升并不是独善其身，闭门造车，企业要加强与其他企业的紧密合作。如果企业只是管理和提升企业内部的供应链而不关注与外部企业包括供应商之间的合作，必然会影响企业供应链绩效的持续提升。比如，企业将全部的精力放在发展客户上，若是客户真正发展起来了，但企业并没有充足的产品提供，也会阻断供应链，给企业带来负面影响。所以，企业除了要关注自己的利益和发展外，还要加强与其他企业的合作，一同追求供应链的持续提升。

三是运用信息技术优化供应链。 随着互联网和 5G 技术的迅速发展，供应链管理不再只是过去的电话、传真或见面的方式。虽然形式发生了变化，但是内容并没有发生改变。企业要积极借助互联网和计算机信息系统的自动化操作和处理大量数据的能力，一方面让信息透明化、快速化，另一方面也要加强反应速度和信息处理速度，同时减少失误。

四是不断改进供应链的各个流程。 除了信息系统外，供应链管理还要将工作流程、实物流程、资金流程和信息流程整合在一起，进行整体优化。在计划、采购、制造、运输、存储和销售等交易过程中提升效率，优化供应链的各个环节。如果供应链各个流程的绩效都有了提升，那么整体的供应链绩效也会获得提升。

五是以客户为中心，以市场需求为导向。 企业做供应链管理和优化的最终目的是为客户提供更好的服务。因此，企业要始终以客户为中心实施供应链绩效提升。同时，企业还要以市场需求为导向，增强对市场的反应能力，不能一味地向市场提供自己生产的产品，而不顾市场的需求和变化。

除了做好以上5点之外，企业还要做好长期改进的准备。供应链持续提升是一个漫长而没有终点的攀爬之旅，每一次绩效提升的结果都是下一次绩效提升的起点。

第三篇　案例篇

EMBARQ物流公司绩效
提升之路

09

EMBARQ物流公司绩效提升之路历时4年，取得了卓越成绩。为了更系统
地了解供应链绩效管理在企业中的重要价值，我们以EMBARQ物流公司
为视角，全面展示一个企业在供应链管理能力的提升过程中是如何实现绩效提升，进
而提升竞争力的。

第一节　EMBARQ物流公司绩效考核的收益和方法

核心要点

　　本节主要介绍了 EMBARQ 物流公司的战略规划和 EMBARQ 物流公司绩效考核的收益，以及 EMBARQ 物流公司绩效评估的步骤，旨在了解 EMBARQ 物流公司的发展情况。

实践指导

　　企业可以通过了解 EMBARQ 物流公司的企业战略和绩效考核的收益，以及 EMBARQ 物流公司绩效评估的步骤，了解 EMBARQ 物流公司在管理和发展方面都做了哪些工作，是如何做的，有什么值得借鉴之处。

EMBARQ物流公司的战略规划

　　EMBARQ 物流公司是 EMBARQ 公司的一家全资附属公司。EMBARQ 公司是美国五大本土通信公司之一，曾经是美国第三大移动运营商 Sprint Nextel 的本地电话分销商，主要为顾客提供实用、创新的产品，公司具备价格优势。

　　EMBARQ 物流公司前身是 Sprint Nextel 公司的全资附属公司 Sprint 的供应公司，提供的服务包括物料管理、定制物流、装配、电线及测试服务、工程、供应和安装服务以及项目管理。这些服务既要满足关联顾客的需要（EMBARQ 原有电话公司的分公司），也要满足将这些服务外包给 EMBARQ 物流公司的非关联电话公司的需要。EMBARQ 物流公司利用近百年的一流软件应用经验提供端对端的解决方案，并为顾客创造价值。

2004 年，自定量标杆绩效考量项目实施以后，隶属 Sprint 北供应公司的配送操作集团决定将评估其流程作为现行改进操作活动的一部分。它预期的标杆活动如图 9-1 所示。

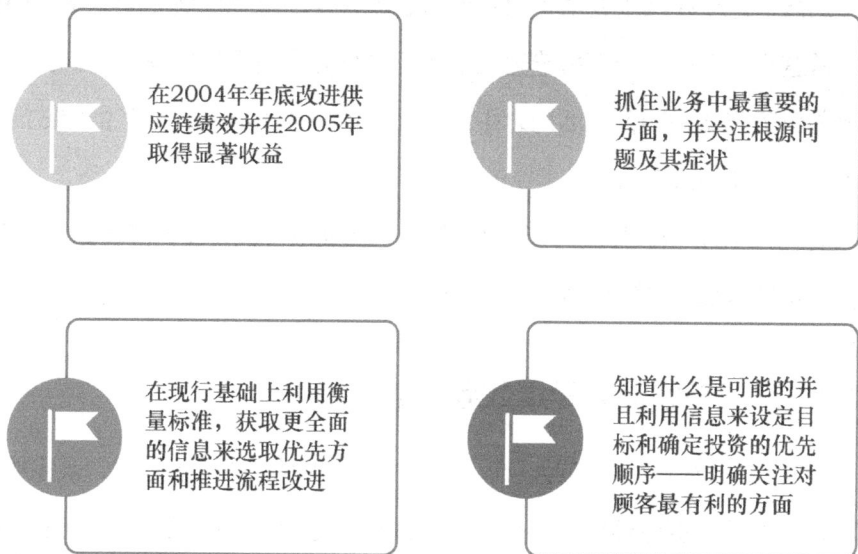

图9-1 EMBARQ物流公司2004年的标杆活动

绩效管理小组首先实施定量标杆绩效考核，衡量标准主要集中在高水平的流程测量，比如准时发运、供应的存货天数以及现金周转时间。这项考核可以帮助配送操作小组识别其落后于行业的关键领域，但是对需要做些什么变化才能影响那些衡量标准并不能提供具体的答案。接着，绩效管理小组实施了定性流程评估。比如，EMBARQ 公司想将车间控制方法引入它们的配送中心，这样就实现了控制方法与配送操作部门记分的相互绑定，从而就能衡量出采用前面所讲的定量方法所带来的进步。

2006 年 5 月，EMBARQ 物流公司业务正式独立地剥离了出来。为了改进流程和工作水平，由公司中多个行业的跨领域标杆操作组实施了一个业务标杆项目。这个项目的结果和分析结果中的差距会被反复应用到工作当中，从而保证工作业绩能够实现整个公司的 1/4 的目标。为此，EMBARQ 公司发起了一个定量标杆项目，但是 EMBARQ 物流公司为了达到一个整体效果并促进引领流程改进的实施，决定加入定性流程评估。

EMBARQ 物流公司从集团各个职能部门中选派 12~15 个业务专家组成一个团队。这个团队主要由中层管理者组成并作为整个评估活动的指导委员会。从这个团队中，他们再选出三个人组成核心小组作为指导委员会，并且让他们每天都参与到评估活动之中。此外，指导委员会还选择了供应链愿景公司来帮助他们做评估。

因此，EMBARQ 物流公司 2007 年第二次绩效考核关注的范畴更为广泛，财务小组还将其推广到公司的整体行动之中。

● EMBARQ物流公司绩效考核的收益

你走进任何一家公司的大厅，在问到公司有哪些需要改进时，大多数人都会很乐意地告诉你他们认为公司需要改进的方面，但是把跨职能团队中的 x 个人合在一起问同一个问题，你可能就会得到 x+1 种答案。通常每个人都知道公司的潜在问题在哪里，但在优先顺序和相互关系中部门间往往存在严重的分歧。利用公布的标准进行流程评估的最大好处就在于可消除部门议程和盲点。

例如，EMBARQ 物流公司在 2004 年的评估中，按照标杆和顾客反馈，分拣、包装和发运等核心配送流程的配送业务收效不好，准时发货的定量指标低于中位数，顾客反馈也要求改善。评估显示核心配送流程良好，但在计划和供应支持流程存在缺陷。具体而言，瓶颈在于接收流程——Spring 北供应采购订单号或者部分号码的外部材料往往没有标记，这造成了从接收到入库的延误。在这个方面标准描述最好的做法如下：

- 利用条码扫描将产品收据与提前装运通知（ASN）对照，由系统分配摆位的位置。

- **建议最低的流程标准规定：必须正确识别收到的货物中马上会转发的产品。**

目前的流程是不符合最低标准的，更不用提最佳做法了。订单满足率和准时发货率不满足最低流程标准要求，比如要发的货已经在公司了，物料却在收货流程中卡住了，在现有库存中并没有显示出来，并且这么多人参与解决这二者的不一致对公司的财务也是一个负担。评估帮忙找到了问题的根源所在，通过改变进向物流贴标要求，保证了接收物料的正确识别。这些实施效果在EMBARQ物流公司 2007 年的绩效评估中表现出来了。

基于重要性和财务收益而制定的平衡策略的流程评估，是评估团队在优先排序方面达成的共识，这样也可以为业务部门支持变革行动打下基础。另外，这个过程通常非常强调流程改进的相互依存，比如，B 取决于 A，那么首先必须要做好 A，B 才能成功。

EMBARQ物流公司绩效评估的步骤

EMBARQ 物流公司绩效评估共分为 5 个步骤，可以为想实施评估的公司提供一个指南，具体步骤如图 9-2 所示。

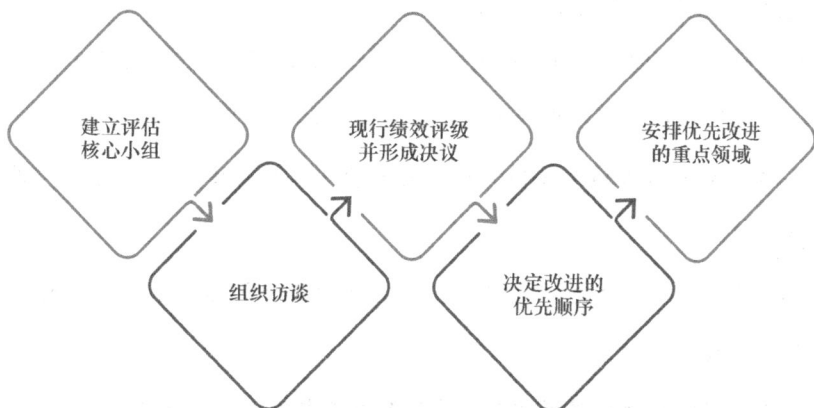

图9-2　EMBARQ物流公司绩效评估的5个步骤

步骤 1：建立评估核心小组。

为了理解当前的流程，和实际工作人员的沟通非常重要。为了理解提供的术语和描述，搜集资料的理想人员对流程应该有透彻的了解，但是这对描述流程是不够的，或者说仅把这些情况表述给提问者也是不够的。因此，第一步是要形成一个评估核心小组。一个较大的指导委员会对评议和协商取得一致非常重要，但是评估核心小组成员要尽量减少，不要超过3~4个人。

步骤 2：组织访谈。

评估团队形成之后，接下来是从实际工作人员中挑选出经验丰富并能在每一项流程子类中切实履行工作的员工代表进行访谈。一定要避免仅仅只从集团的经理中选人进行访谈。有时经理可以和员工代表一同进行访谈，比如，关于"如何完成这项工作？"的问题，经理可能会给出一个比较详细的描述，但是员工代表则可能会回答："我很希望工作就像你说的那样！"事实上，设计流程的方式可以完全不以日常工作的方法为基础。一个详细的评估不仅要揭示而且要深入分析为什么设计出来的流程不能应用。

步骤 3：现行绩效评级并形成决议。

完成访谈之后，核心小组就可以在选定的标准下针对每一项特性来开会讨论公司现行的绩效。他们之间应该就评级达成共识并将其形成决议。确定评级的方法会在每一项标准中的"如何使用"中详细描述。

如果公司圆满达到"操作流程的最好典型"标准中所列的条目，那么级别就是5级。

如果完成了所有条目的最低标准并且有些操作标准可以达到最好，那么级别就是4级。

如果公司按照建议最低流程标准达到所有标准，那么级别就是3级。

如果公司达到一些条目的一些标准但并非所有都达到最低标准，那么级别就是 2 级。

如果公司没有达到任何最低标准，那么级别就是 1 级。

在这些评定标准的基础上，核心小组形成决议并把每一个评级的详细讨论结果提交给指导委员会。指导委员会检查之后，会针对性地提出一些问题并就主要方面加入一些他们的实际经验。这项检查如果处理适当，那么评级就不需要有多少改变了。指导委员会的主要目标是验证这些结论并为下一步做必要的深刻理解。

步骤 4：决定改进的优先顺序。

决定改进的优先顺序也是指导委员会的责任。为此，对于每一项流程小类，核心小组必须要确定一套最好的流程水平，并且这套流程水平在市场上应该是很有竞争力并可以达到公司的战略目标。例如，这个流程对公司战略有多么重要，需要多少投入或者需要多大能力才能满足顾客的需要，等等。指导委员会在决定改进的优先顺序时要注意，并不是所有的流程都需要最好的做法——根据时间和金钱成本对公司收益作出判断，进而确定每个流程改进的优先顺序。

步骤 5：安排优先改进的重点领域。

按照战略和成本／绩效重要性安排好流程子类改进的优先顺序后，就可以比较共识中流程的评级方案进而安排优先改进的重点领域。实施改进要抓住非常重要和中低绩效的有潜力领域。这个环节也应该识别出目前在哪些领域绩效水平是令人满意的以及在哪些领域增加投入可能不能带来竞争优势。

不要忘记对识别出来的改进领域的每一个子类确定要求的流程绩效水平，如图 9-3 所示。为了达到公司的目标应该接近或者达到最佳的操作水平吗？在最低标准和最佳操作之间已经足够好了吗？更具体一点是要决定最佳操作描述中哪些元素是必要的。将流程中成本有可能量化的地方予以直接或间接量化，然后估计出改进绩效所能节省的潜在成本。

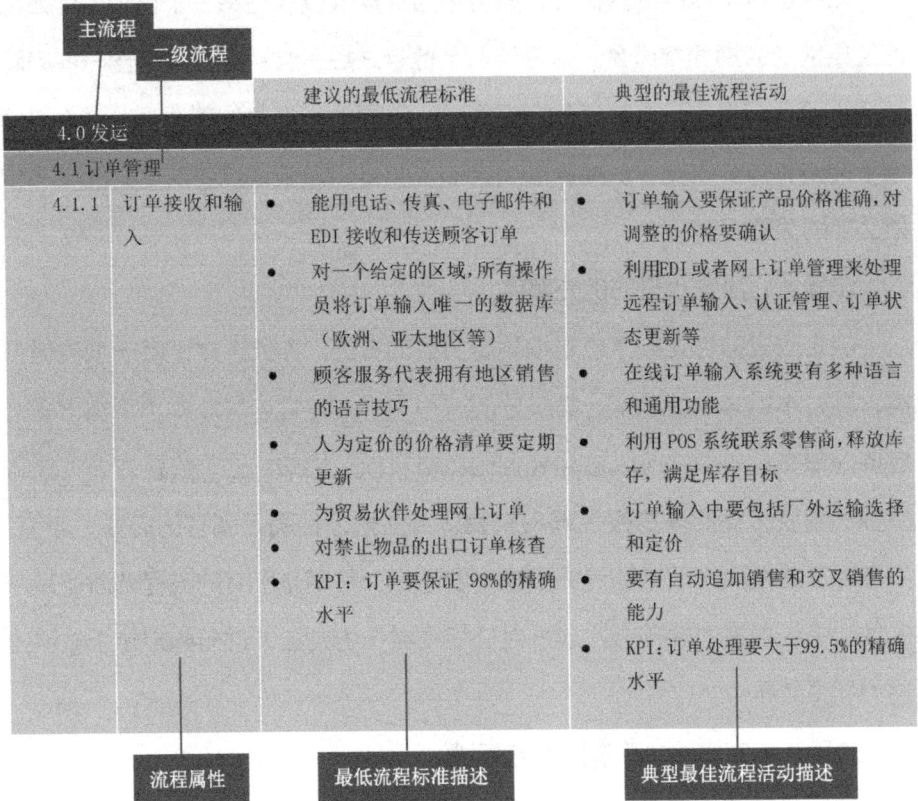

图9-3 CSCMP《供应链流程标准》下的流程绩效图

优先顺序不仅要关注对顾客积极影响最大的领域，要为这些领域提供最有利的资源和时间投入；还要关注绩效很差的领域，这些领域如果不能及时处理可能会产生很大的风险。

在这些评估结果的基础上，核心小组就可以提出具体的计划措施、资源需求、财务影响以及衡量这些变化成功的关键绩效指标，最后将这些领域的方案提交给经理。

核心要点

本节主要介绍了 EMBARQ 物流公司 2004 年绩效考核的范围和 EMBARQ 物流公司 2004 年绩效考核的结果，以了解 EMBARQ 物流公司的具体考核情况。

实践指导

企业可以通过 EMBARQ 物流公司考核方法和考核过程，了解 EMBARQ 物流公司重点考核供应链中的哪些业务和指标，以及最终呈现出的考核结果有什么样的指导意义和价值。

● EMBARQ物流公司绩效考核的范围

2004 年，EMBARQ 物流公司配送操作领域面临着内部压力以及顾客逐步增长对改善服务的外在要求，而且一项量化标杆项目表明该公司一些具体的指标是低于平均水平的。

因此，配送操作小组发起并组织了定性流程评估项目，并分配两个人全程负责这个持续时间不长的项目。本次定性流程评估项目的目标是致力于识别配送操作中能推动服务明显改善和成本显著节约的活动。评估的范围主要集中在配送流程，对规划、采购以及能直接带动配送的流程也有所关注。

指导委员会选出了 16 个流程子类和 77 个流程特性用于评估。核心小组在总部和配送中心为每一个流程子类确定了流程负责人。在华沙和印第安纳分别选取一个有代表性的配送中心进行考察，其中包括在华沙和其他地方所看到的配送中心的区别的相关讨论。

核心小组总共访谈了 45 个人，除了一些基层员工被约在配送中心进行访谈，大多数访谈在一个会议厅里进行。整个项目持续了两周半。

● EMBARQ物流公司绩效考核的结果

如前所述，根据定量标杆会提前告诫配送操作小组在分拣、包装和发运等关键配送流程上存在薄弱环节。虽然他们会发现关键配送流程是好的，但是计划和供给流程是非常薄弱的。当核心小组把这些结果提交后，指导委员会会验证这些结论，但并非不提问题或延长讨论。验证之后，核心小组分为两个小组对影响做出评估。这两个小组再次合在一起后，他们会发现由两个小组分别评估的影响级别标准事实上是非常接近的。对这些影响级别标准背后的依据分歧做进一步的讨论会将共识引向深入。讨论的结果如图 9-4 所示。

在这个影响评估和先前达成的流程子类评级共识的基础上，指导委员会确定了需要改进的领域：供需协同／库存管理、技术、指标、供应商管理。

核心小组可以为潜在的改进活动集思广益，把所有想法画到挂图上，每一个小组成员可以用三个颜色点来选出他们认为最重要的行动条目。这就为下一轮讨论缩小了范围从而使注意力集中在几个关键条目上。然后小组可以讨论这些替代的条目，直到理解每一个替代条目的复杂性和潜在困难为止，也需要澄清和修改建议的解决方案。

另一轮对替代想法排列优先顺序的投票主要是为了形成一系列行动的条目，这些条目会具体呈现出评估中影响巨大的领域中的薄弱环节。提交给管理层的行动条目如表 9-1 所示。

计划	战略影响 A组	战略影响 B组	节约/绩效影响 A	节约/绩效影响 B	目前的绩效	备注
供应链规划	◐	●	●	○	○	
供需对接	●	●	●	●	◐	
库存管理	●	●	●	●	◐	
物料管理						
战略采购	◐	●	◐	◐	◐	
供应商管理	●	●	●	●	◐	
采购	●	◐	○	◐	◐	
场内物料管理	○	◐	○	○	◐	定义不同-低影响
发运						
订单管理	●	●	●	●	◐	
仓储/完成率	●	●	●	●	◐	
发运基础	◐	◐	◐	●	◐	
运输	○	◐	○	○	◐	
能力						
产品/服务数据管理	●	●	◐	◐	◐	
衡量标准	●	●	●	●	◐	
技术	●	●	●	●	◐	封闭开放的活动
业务管理	●	●	◐	◐	◐	执行现行计划
质量管理	◐	●	○	◐	◐	

●高　◐中　○低

图9-4　影响评估讨论

表9-1　2004年提交给管理层的行动条目

主条目	子条目
供需平衡/库存管理	确定目标和标准
	审查类和改正方案
	制定动作流战略并实施
流程变化需要的新技术	管理供应商和系统改进，支持供需平衡
	监控系统维护和连接
	管理外包服务
	关闭外部联系
衡量标准	现行衡量标准的沟通
	开发流程衡量标准
	连接管理层和基层的衡量标准

续表

主条目	子条目
供应商管理	对所有供应商明确要求并经常进行沟通
	满足系统正常的提前期
	衡量提前期变化
	衡量满足需求标准
	将衡量标准与操作目标联系起来
	减少提前期变化幅度

评级中经核心小组达成共识的每一项活动不仅要具有可行性，而且要满足公司战略以及由成本节约和绩效改善带来的潜在收益。同时，评级中经核心小组达成共识的每一项活动也要根据困难程度来实施，实施中也会存在潜在的成本和资源的耗费。在达成共识的基础上，可以根据影响和困难程度把这些活动划分优先等级，具体如图9-5所示，可以把这个提交给管理层。

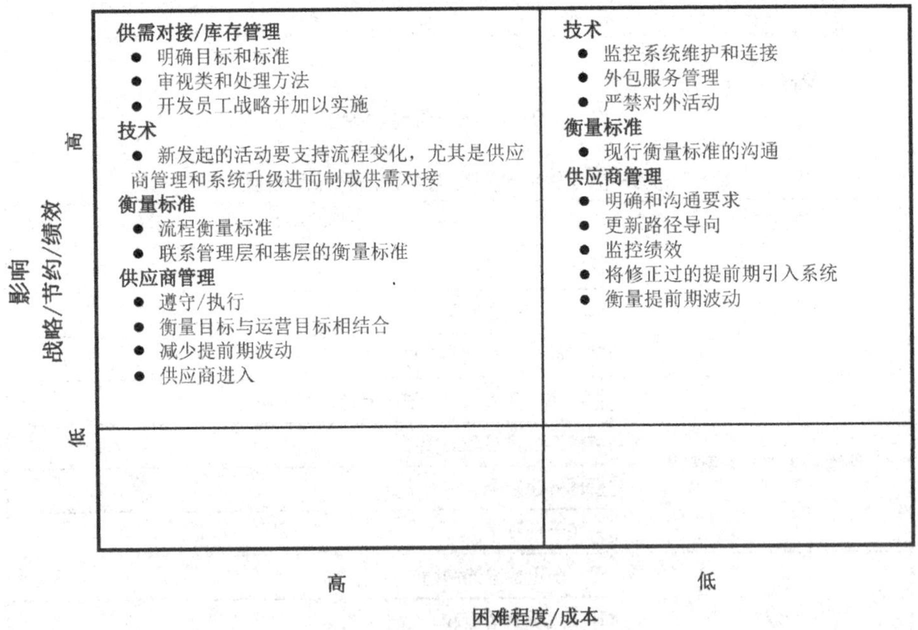

图9-5 改善措施的重要性排序

评估规划会议完成并提交给管理层后不久，Sprint公司与Nextel公司开始合并。谈判开始的时候，技术上所有明显的投资或者停止或者推迟了，虽然最终 EMBARQ 物流公司从 Sprint Nextel 公司中剥离出来，但绩效评估结果仅局限于那些不需要明显技术和公司资源投入的领域。这确实是不幸的转折，但是他们仍然能够取得一些明显的改进，主要集中在以下两个领域。

一是供应商管理。供应商管理的改进重点是强调接收标签的要求。通过与关键供应商讨论方案从而确定在目前系统和技术水平下做到哪些比较合理，然后制定标准并和供应商沟通。跟踪实施效果并按对供应商的标准逐步减少不正规活动。

二是绩效测量指标。绩效测量指标改进的重点是生成部门记分卡。这些记分卡是联系公司管理层和基层员工的纽带。公司在其中一个配送中心建立了一个世界一流的业绩激励项目，然后把它推广到整个网络。

在对订单精确度和库存精确度没有负面影响前提下，配送操作小组应改进生产力，完成同一天中来自配送中心所有订单的发运任务。EMBARQ 物流公司管理层联合配送中心员工一起创建改进识别工具、设定改进目标以及开发行动计划。员工们会接收到有关挑战方面的沟通以及关于配送中心员工怎样影响到需改进领域的培训会议。

项目小组开发出一套按小时计酬的报酬计划，即"绩效付酬"。绩效付酬对每一个目标会给予 1% 的激励。经理和主管的目标也是直接与目标关联，他们将整个配送操作小组视为目标。配送中心的所有领域也会将所有领域的月度进展提交给指导委员会。管理绩效审议也需要通过经理层和员工的共同努力从而向更广阔的目标迈进。两年后，EMBARQ 物流公司完成了产量收益的 23.6%，这为它每年直接节省了 170 万美元。在保持同一天发运和高额度的无损耗发送的同时，它也达到了一流的库存精度。当收益用美元衡量和表现出来的时候，企业接受供应链的举措相当容易。

第三节　三年后，EMBARQ物流公司再次绩效考核

核心要点

　　本节主要介绍了 EMBARQ 物流公司在 2007 年绩效考核的范围及

在 2007 年绩效考核的结果。

实践指导

　　企业可以通过与 2004 年的绩效考核范围和结果进行对照，了解

EMBARQ 物流公司在 2004—2007 年间发生了哪些变化，取得了哪些成绩。

● EMBARQ物流公司再次绩效考核的范围

　　2007 年，EMBARQ 物流公司进行了第二次绩效考核。在这次的绩效评估中，公司的景观发生了戏剧性的变化。EMBARQ 物流公司剥离出来成为一个独立的实体之后，财务领域发起了让公司上下全方位搜集公司各个领域的定量标杆的活动，以公司想识别出一个不同于行业多元化公司标杆操作的流程改进机会和工作水平。

　　在 2004 年经验的基础上，为了确定定量标杆的根源，EMBARQ 物流公司决定增加定性流程评估。评估结果和对结果差距的分析会被反复用于工作以使整个公司达到前 1/4 强的执行者水准。EMBARQ 物流公司中用于标杆选择和流程评估的领域包括外包 / 采购战略、采购、供应商管理、仓储和配送、交通和运输、预测和物料计划、逆向物流、顾客服务（仅包括联系顾客）、产品管理 / 数据内容、计划（仅限指物流计划）。

在定性流程评估阶段，指导委员会选择了 77 个流程子类和 124 个流程属性来做评估。这次核心小组为每一个流程子类确定了员工代表并且将所有的访谈安排在员工各自的工作环境中举行。这被证明是非常有效的，因为一些关于"你怎么"后面可以跟着展现自己，从而消除对术语的迷惑，并且这通常会让被访谈者为了向核心小组汇报而列举一个例子作为参考，大家考察了在堪萨斯州的一个配送中心，并且就他们所发现的与其他配送中心不同的地方做了讨论。超过 90 个人参与了访谈，整个项目持续了 8 周。

在定量标杆绩效考量阶段，总共选定了 45 个衡量标准，指导委员会在此基础上筛选出来 20 个衡量标准。一般来说，在现行基础上，管理业务衡量标准要达到最低数目。这 20 个衡量标准不仅要注重理解现行的状况，还要为以后的衡量标准和管理提供关键绩效识别指标。指导委员会要求将其扩展为一次性评估，从而形成一个更高层次的总括。公司在决定自己的衡量标准方面要有一定的选择性，要保证衡量的成本不能超过衡量活动所能带来的收益。

为此，小组成员收集了 EMBARQ 物流公司的数据，并从美国生产和质量协会及仓储教育研究协会得到了行业标杆数据。为了进一步比较，还需要得到标准案例、业务简介以及行业细分的信息。

EMBARQ物流公司再次绩效考核的结果

将 2004 年指标作为一个参考点，将 2007 年的指标与此相比较。结果显示，流程改进已经在两次评估之间的时段内发生了明显变化。

第一，2004 年中大约有一半的流程特征排名与 2007 年的得分相同。

那些领域中几乎所有情况的排名都在可接受的范围之内，并且还有一些情况是不用改善的，但要保证它们不下滑。

第二，这些流程特征中有 12% 的得分要比低点还低，有 9% 的得分要比低点稍高。

在与工作岗位上的员工面谈时,要提出这样的问题:"你能给我展示一下吗?"而不是仅仅得到一些很一般、很肯定的回答,比如:"是的,我做了。"

第三,**6%的流程特征得分要比高分稍低一些,23%的要比高分稍高一些。**

增加的部分中有50%的情况是在发送流程领域,包括配送操作的核心流程。

总体影响的细节如图9-6所示。

评估结果实例		计分	
		2007	2004
4.0 交付			
4.1 订单管理			
4.1.1	订单接受和输入	5.0	4.5
4.1.2	订单审别	4.5	5.0
4.1.3	订单确认	4.0	2.5
4.1.4	订单处理	5.0	5.0
4.1.5	交易监控	4.5	5.0
4.1.6	客户服务代表的培训和教导	5.0	5.0
4.2 仓储/完善			
4.2.1	接收和检查	3.0	2.0
4.2.2	物料搬运	4.5	4.5
4.2.3	分类	4.0	3.0
4.2.4	储存	4.0	3.0
4.2.5	接收和包装	4.5	4.5
4.2.6	摆放/堆垛	4.5	4.5
4.2.7	发送记录	1.0	4.0
4.2.8	仓储管理系统	4.5	4.5
4.3 交付基础设施			
4.3.1	计划和平衡工作量	3.5	3.5
4.3.2	人工流程校对	4.0	3.0
4.3.3	操作工一岗多能	5.0	5.0
4.3.4	工作场所设计	4.0	4.0
4.3.5	工厂基层绩效衡量	5.0	2.0
4.3.6	组织写作和关注点	5.0	1.5

图9-6 评估结果实例

总体说来,在采购、接收和检查等职能领域改进效果显著。在此期间,EMBARQ 物流公司还在所有配送中心施行了劳动管理体系,并且将这个体系和仓库管理系统绑定在一起。按绩效付酬的公司基层衡量标准也与劳动管理体系绑定在一块，效果极好。从那些体系中得到的衡量标准标明这些活动已经对增强组织协调能力和抓住工作重点起了重大作用，具体如图9-7、图9-8所示。

		EMBARQ 物流公司	建议最低标准	典型最佳实践	计分 2007	计分 2004
4.0 交付						
4.1 订单管理						
4.1.1	订单接收和输入	● 能用电话、传真、电子邮件和EDI接收和传送采购订单 ● 在任何地区的订单操作员都可以将订单输入唯一的数据库并且随时可以为整个公司所获得 ● 利用EDI和网络订单管理接收远程订单输入、订单状态更新等 ● 自动实现产品准确定价并按顾客和数量折扣随时更正 ● 联系POS系统取得隶属VMI项目的支持 ● 订单处理中考虑厂外运和定价	● 能用电话、传真、电子邮件和EDI接收和传送顾客订单 ● 将订单输入指定地区的那个数据库 ● 手工确认价格的要保持价格清单定期更新 ● 网上为备选贸易伙伴输入订单 ● 要包括加工中心、航运以及客户位置的当地时间和格林威治标准时间	● 输入订单是保持产品定价准确，确认价格调整 ● 利用EDI或者网络进行订单管理，能够实现订单远程输入、确认管理以及订单状态更新等 ● 将POS系统与零售商相连接，释放库存，满足库存水平 ● 订单输入时注意厂外运输选择和运输定价	6.0	4.6
4.1.2	订单确认	● 按规定自动核查价格、计量单位、多层次信用（财务限制、日销售额）以及顾客/产品限制 ● 必要时可以履行来自多个地方的单个订单，满足顾客发运要求 ● 核实顾客购买特定SKU的资格，将顾客/SKU的清单输入在一般的数据库中	● 手工或者自动查证信用水平要超越以往水平，并将信用水平在通用数据库中存档 ● 手工或者自动查证订单要避免拒绝履行残缺清单和出口履约 ● 核实顾客购买特定SKU的资格，将顾客/SKU的清单输入在一般的数据库中 ● 按照以往规定分配顾客	● 按规定自动核查价格、提前期、计量单位、多层次信用（财务限制、日销售额）以及顾客/产品限制和出口履约 ● 要准确引用顾客对价格突变、渠道多样化、附加税和产品供货的要求 ● 必要时可以履行来自多个地方的单个订单，满足顾客发运要求	4.6	6.0

图9-7　优秀绩效实例

4.3 交付基础设施

					6.0	2.0
4.3.5	工厂基层绩效衡量	● 按照实际的绩效标准自动生成报告 ● 形象直观的绩效标准要粘贴在基层仓库或工厂的各个地方 ● 基层员工在适当的条件下用绩效衡量标准识别和实施改进机会	● 形象直观的绩效标准要粘贴在基层仓库或工厂的各个地方，并要从管理上促进改进 ● 要具备一些应用性的衡量标准 ● 要有纠错的行动并且要从管理上促进改进	● 实施报告自动化，跟踪实际的绩效标准 ● 基层员工在适当的条件下用绩效衡量标准识别和实施改进机会		

图9-7 优秀绩效实例（续）

	EMBARQ 物流公司	建议最低标准	典型最佳实践	计分	
				2007	2004
1.0计划					
1.1供应链计划					
1.1.3 销售和运营计划	● 独立分工操作 ● 如果问题出现，采用非正式跨职能方法应对	● 销售和运营规划要跨越各个职能部门，搭建由市场部、销售运作部以及财务代表共同参与的平台 ● 每月举行正式会议，陈述业务绩效问题并将业务战略与运营能力联系在一起 ● 有相应满足市场要求的部门 ● 通过协商达成一致，共同完成运作预测计划。（财务预测应该随运营预测变化）	● 每周举行会议研讨业务战略和具体的设施和能力，包括审查销售预测变化，引入和输出以及在库存和渠道上的努力等 ● 依据资源满足要求 ● 要将新产品引入规划过程 ● 在规划过程中考虑产品生命周期，特别要警惕停产 ● 计划要与目标和预算相比较，但是没有必要完全相匹配	1.5	NA
1.3库存管理（规划好的库存管理典型方面）					
1.3.1 库存计划	● 紧急订单、过量运送和发运延误 ● 按客户服务需要保持库存水平 ● 按照计划缓冲分析技术和盘存频率而不是按照预测来制定库存水平 ● 要满足服务水平的衡量标准，必要时可以调整库存水平来补偿。 ● 要用销售和利润额和单	● 按照计划缓冲分析技术和盘存频率而不是按照预测来制定库存水平 ● 库存水平要满足顾客服务要求（例如，利用ABC分类方法和设定静态安全库存而不是要保持每周的正常供应） ● 要定期检查库存水平而不是依靠预测的方法掌握库存	● 库存管理是贯穿整个供应链最优化管理的一部分 ● 要根据产品和顾客的帕累托分析调整目标库存水平 ● 为了合适的行动要对整个库存进行分类，分为变动库存、无用库存、过量库存以及绝对库存 ● 要用销售和利润额和单位水平来衡量库存绩效 ● 在产品生命周期和ABC方法	6.0	2.0

图9-8 机遇的实例

| 1.3.1 | 库存计划 | 位水平来衡量库存绩效
● 审查每周过多的和过时的库存并将其保持在定的数量水平上
● 落实处理和售后技术，处理陈腐、过时和受损的库存物品
● 每月审查库存周转率 | ● 要满足服务水平的衡量标准，必要时可以调整库存水平来补偿
● 设置服务水平要考虑成本和外边的库存
● 每月要跟踪库存并做调整
● 要定期检查库存将其维持在 SKU 水平
● 所有的库存决策要全面考虑相关的成本和相关的风险 | 基础上每月或者每周三审查并调整库存目标
● 要审查过量和绝对库存将其维持到一定数量水平
● 落实处理和售后技术，处理陈腐、过时和受损的库存物品 | 6.0 | 2.0 |

图9-8 机遇的实例（续）

核心小组要详细审阅所有评估结果并保证个人流程特征排名的准确无误。由于是整个核心小组一起做的排名，所以大多数排名会被接受，只有3~5 个排名在得到额外的澄清后需要调整。核心小组会对这项评估的战略和成本／绩效影响排名做进一步讨论，然后在第二天提交给指导委员会。

指导委员会需对流程特征的排名和影响排名做出验证，如图 9-9 所示。在这些信息的基础上，核心小组确定了 5 项改进的关键领域：供应商管理、供应链规划、技术、质量管理、考量指标。

为了确定优先事项和独立事项，指导委员会随后考虑了这些领域中每一项必要的改进水平。对任何流程而言，要达到一流的标准就必须在时间和资源上有显著的投资，而有时投资并不能取得相应的回报。细心考虑之后，指导委员会决定供应链规划流程应尽可能的好，质量管理可以介于最低标准和最佳活动之间，其他三个方面应该靠近最佳标准。不仅要考虑最佳标准的具体因素，而且还要考虑业务急需的特定目标因素。在此决策的基础上，指导委员会又进行了与 2004 年相似的评估过程，对每一个要改进的领域做了额外的讨论，对替代的标准进行了头脑风暴式的讨论和评估，最终明确了提交给 EMBARQ 物流公司管理团队的行动条目，如表 9-2 所示。

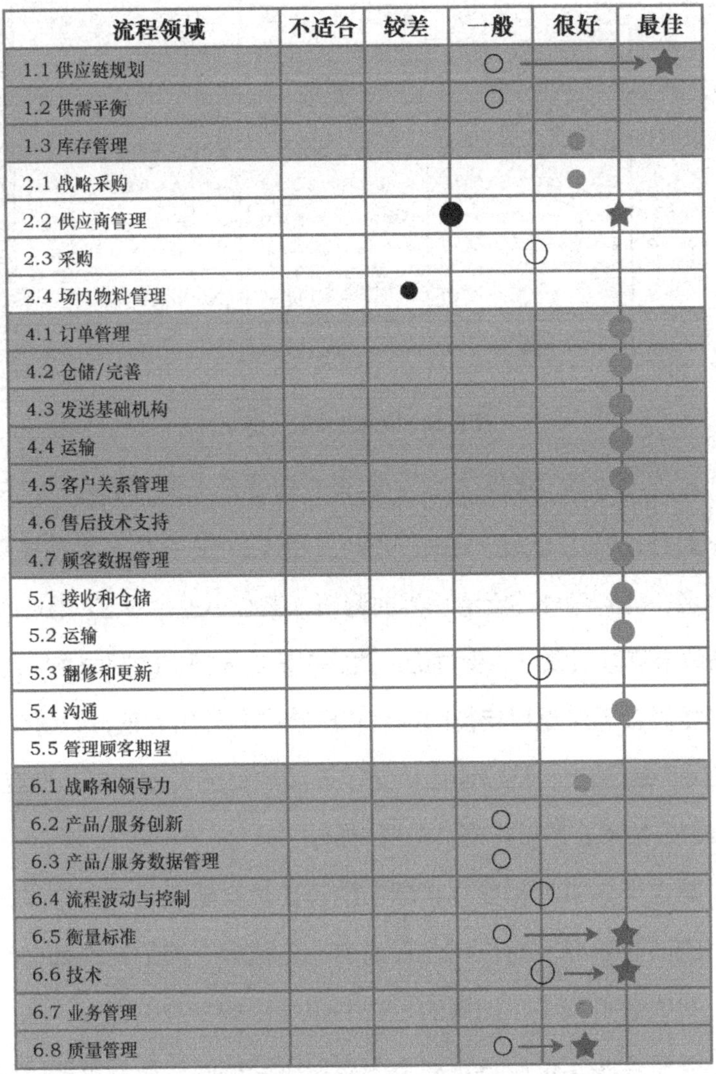

流程领域	不适合	较差	一般	很好	最佳
1.1 供应链规划			○	→→→	★
1.2 供需平衡			○		
1.3 库存管理				●	
2.1 战略采购				●	
2.2 供应商管理		●			★
2.3 采购			◐		
2.4 场内物料管理		●			
4.1 订单管理				●	
4.2 仓储/完善				●	
4.3 发送基础机构				●	
4.4 运输				●	
4.5 客户关系管理				●	
4.6 售后技术支持				●	
4.7 顾客数据管理				●	
5.1 接收和仓储				●	
5.2 运输				●	
5.3 翻修和更新				◐	
5.4 沟通				●	
5.5 管理顾客期望					
6.1 战略和领导力				●	
6.2 产品/服务创新			○		
6.3 产品/服务数据管理			○		
6.4 流程波动与控制				◐	
6.5 衡量标准			○ →→	★	
6.6 技术			◐ →→	★	
6.7 业务管理				●	
6.8 质量管理			○ →→	★	

图9-9　流程属性和影响评级：我们需要移动到哪个位置?

表9-2　2007年提交给管理团队的行动条目

主条目	子条目
供应商管理	职能专家直接与其对应的供应商职能专家联系而不用通过客户经理
	供应商质量评估流程正规化
供应链规划	将业务置于规划流程之中
	开发和实施正规的销售和业务规划流程

主条目	子条目
质量管理	自上而下地将单一的质量管理方法推广到整个公司
	设计流程,保证权责统一
衡量标准	确定衡量标准并将其标准化
	采用自动数据采集,减少人工操作取得的结果

具体的流程改进和关注建议如图 9-10 所示。

流程	战略影响	成本/绩效影响	流程排名	备注
1.0 计划				
1.1 供应链规划	○	●	30	影响库存
1.2 供需平衡	●	●	30	
1.3 库存管理	○	●	40	有收据后
2.0 物料管理				
2.1 战略采购	●	●	40	
2.2 供应商管理	●	●	25	影响库存
2.3 采购	◐	●	35	
2.4 场内物料管理	○	○	25	
4.0 发运				
4.1 订单管理	●	●	45	
4.2 仓储/实施	◐	●	45	
4.3 发送基础机构	○	◐	45	
4.4 运输	○	◐	45	
4.5 客户关系管理	●	●	45	
4.6 邮件销售技术支持	○	○	40	
4.7 顾客数据管理	○	●	45	
5.0 收益				
5.1 接收和仓储	○	○	45	
5.2 运输	○	○	45	
5.3 修理和更新	○	○	35	
5.4 沟通	○	○	45	
5.5 管理顾客期望	○	○	45	

图9-10 流程改进和关注建议:哪些方面需要我们关注?

6.0 能力				
6.1 战略和领导力	●	●	40	
6.2 产品/服务创新	◐	◐	30	
6.3 产品/服务数据管理	○	●	30	
6.4 流程波动与控制	◐	●	35	
6.5 衡量标准	◐	●	30	关键能力
6.6 技术	●	●	35	关键能力
6.7 业务管理	●	●	40	
6.8 质量管理	●	●	30	关键能力

● 高　　◐ 中　　○ 低　　　● 好　　　● 中　　　● 差

图9-10　流程改进和关注建议：哪些方面需要我们关注？（续）

由于管理团队认可流程背后的严谨性，所以提交给管理层的文件很容易就被接受了，并且在稍作讨论之后就认可了核心小组的结果。来年的预算编制中会包括这些活动所需要的资源。很多改进的领域仅要求流程和沟通方式的改变，随后实施的个别部门会打破这些领域。这些行动已被融入到公司下一年的目标当中，并且会划分为个人目标分配给各个经理。

第四节　EMBARQ物流公司绩效提升的成果

核心要点

本节主要介绍了在供应链绩效管理的影响下，EMBARQ 物流公司绩效提升的成绩和机遇以及在这过程中积累的绩效提升的经验。

实践指导

经过 4 年的发展，EMBARQ 物流公司的绩效获得了提升。企业可以重点关注 EMBARQ 物流公司的绩效在哪些方面取得了突破，在哪些方面获得了成绩，以及积累了哪些经验，并从中获得启示。

EMBARQ物流公司绩效提升的成绩和机遇

在 2004—2007 年间，EMBARQ 物流公司在好多领域取得了明显的改善。很多情况下，这些改善并没有技术上的显著投资，这是因为其主要关注的是流程和改进特定流程中的具体领域，有些情况下则低于标准规定的细节条款。

在计划和供应商管理等一些领域中，改进活动局限于企业资源规划体系范围之内，并且直到企业合并之后（后来又剥离出来了）那些系统的投资决策才定下来。系统投资决策没有定下来存在多种原因。EMBARQ 物流公司案例表明，公司无论在合并还是分拆环境下都很强调改进过程，但是核心小组从长远升级考虑，提出了一些至今还没有投资的领域。考虑到具体的升级要求，公司需要对评估做更加详细的决策，并且希望一旦那些流程变化取得技术支持就能马上实施流程革新。把这些工作放在首位使他们避免了在实施企业资源规划时可能出现的许多问题。

核心小组成员现在已经很好地掌握了评估的方法，在正规的基础上反复进行评估将保证 EMBARQ 物流公司不断接近它的目标。这也为业务开发做出了一系列进展报告反馈，这些报告可以与顾客和潜在顾客共享。EMBARO 物流公司计划大约每 3 年要重复一次评估，从而保证其发展道路是正确的，并且还要让全公司按照前 1/4 强的执行标准持续取得进步。

EMBARQ物流公司绩效提升的经验

对整个公司的评估绝对不会像将诊断仪连到引擎上那么简单，因为公司要远远比方程赛车中最优秀的引擎复杂得多。在某些方面，改善公司的流程就像通过听声音的变化来调整一辆车的引擎一样，因为正确的调整取决于燃油系统，但是随着复杂程度的增加，尽管引擎已经全速运行，它仍然还是处于比赛的中间位置。

只有对公司目标的大致远景有一个清晰的理解并对成功的特征完全掌握之后才能完成这项艰巨的任务。《供应链管理流程标准》为理解熟悉这些内容和它们的使用方法提供了基础，这会帮助引导你的公司成功进入下一个阶段。

后　记

本书终于出版发行了，首先感谢关注和阅读这本书的读者。

从配送到物流，从物流到供应链管理，这个行业走过了 50 多年的历程。我也从一个码头、仓储、货代的操作者、管理者，到物流与供应链管理的研究者、咨询者、教育者，走过了 32 年的历程。

在这个过程中，我参与、见证了深圳第一台集装箱装卸桥的购买和引进（1989），操作了我国（深圳）第一条外轮国际集装箱班轮航线的开通（1990），参加了交通部主办的赴安特卫普国际集装箱码头管理培训班（1991），参与了珠江三角洲驳船转运体系的操作（1993），成为改革开放的前沿——深圳最早一批物流从业者之一。

在这个过程中，我率先走出国门，参加了全球物流大会（2000），引入了全球领先的物流与供应链管理资源（2003），见证了"时代变迁和物流的使命"（2004），见证了"全球物流进入到供应链时代"（2005），引入了《供应链管理流程标准（2007），持续跟踪了全球物流与供应链发展最新趋势（2000 年至今），参与了《中国供应链管理蓝皮书》（2012—2017）、《中国供应链研究》（2017）的编写，见证了"区块供应链时代即将来临"（2017），也有幸成为中国改革开放 40 年物流理论专家代表人物之一（2018）。

科技创新和管理创新成为推动行业发展的两个主要动力，也成为物流与供应链管理从业者最大的挑战。我们要研究 RFID 应用（2004）、研究绿色物流技术应用（2010）、研究物联网应用（2012），研究大数据对物流与供应链的改造（2014），研究区块链技术（2016）的应用；也要研究精益、六西格玛（2003），研究供应链流程标准（2006），研究供应链绩效考量（核）（2008）——学习的效率和速度成为供应链管理者的最大挑战。

而作为从业者的我们，一直在追随行业发展的步伐，试图走在最前面。这本书源于我博士后研究的出站报告，也曾经在第一版《中国供应链管理蓝皮书》中出版过核心的内容。虽然经过时间的变迁，很多新的工具和方法论不断引入供应链，但是，正如我在前言中所说，供应链运作的基本原则没有发生改变，供应链绩效考核的基本框架体系并没有发生颠覆性的改变，在供应链成为国家战略的今天、在供应链管理师成为新职业的今天，这套工具和方法论仍然是致力于潜心提升绩效的企业家们和研究供应链流程与绩效的学生、学者们可以利用的工具。

本书的出版，首先要感谢出版社编辑们的辛苦努力，他们做了大量细致的工作。要感谢长期关注、支持我的所有人，感谢我的家人的鼓励和支持，感谢我的同事的支持，我愿以更多的成果，回报所有人，回报供应链这个伟大的事业。

王国文

2021 年 5 月于深圳蛇口